5 LEITURA E PRODUÇÃO DE TEXTOS TÉCNICOS E ACADÊMICOS

Björn Gustavii

Como escrever e ilustrar um artigo científico

Tradução: Marcos Marcionilo

parábola

Título original: *How to Write and Illustrate a Scientific Paper*, 3rd edition

Originalmente publicado em inglês pelo Studentlitteratur Lund, Sweden 2000
1ª edição: Cambridge University Press 2003
Reimpressões: 2005, 2006
2ª edição: Cambridge University Press 2008
Reimpressão: 2009
3ª edição: Cambridge University Press 2017

ISBN 978-1-107-15405-6
ISBN 978-1-316-60791-6

Direção: Andréia Custódio
Projeto gráfico e capa: Telma Custódio
Revisão: Karina Mota

CIP-BRASIL. CATALOGAÇÃO NA FONTE
SINDICATO NACIONAL DOS EDITORES DE LIVROS, RJ

G989c

Gustavii, Björn
Como escrever e ilustrar um artigo científico / Björn Gustavii ; tradução Marcos Marcionilo. - 1. ed. - São Paulo : Parábola Editorial, 2017.
232 p. ; 24 cm. (Leitura e produção de textos técnicos e acadêmicos ; 5)

Tradução de: How to write and illustrate scientific papers
Inclui bibliografia
ISBN 978-85-7934-081-9

1. Redação técnica. 2. Publicações científicas. 3. Pesquisa - Metodologia. I. Título.

14-11293 CDD: 808.066
CDU: 808.1

Direitos reservados à
PARÁBOLA EDITORIAL
Rua Dr. Mário Vicente, 394 - Ipiranga
04270-000 São Paulo, SP
pabx: [11] 5061-9262 | 2589-9263 | fax: [11] 5061-8075
home page: www.parabolaeditorial.com.br
e-mail: parabola@parabolaeditorial.com.br

ISBN: 978-85-7934-081-9
1ª edição - 4ª reimpressão: novembro de 2023

Como escrever e ilustrar um artigo científico

Este livro compacto e de leitura acessível contém indicações essenciais para você levar seu manuscrito do planejamento direto para a publicação. Ele auxiliará tanto escritores iniciantes quanto autores mais experientes a apresentarem mais eficientemente os resultados de suas pesquisas. Mesmo conservando a abordagem bem estruturada e de leitura fácil das edições anteriores, este guia essencial foi ampliado para incluir dicas mais abrangentes sobre desenhar gráficos e mais informação sobre o regime Open Acess de publicação. Ilustrações são detalhadamente discutidas, com exemplos deficientes extraídos de artigos reais até ilustrações redesenhadas para publicação em revistas de alta pontuação, para efeito de comparação. Exemplos de antes e depois também são apresentados para demonstrar estilos de escrita adequados e inadequados. O leitor recebe conselho prático – de como apresentar um artigo, a qual revista submeter o manuscrito, chegando até a como lidar com os comentários dos pareceristas e a correção de provas –, tudo isso a partir da extensa experiência de ensino do autor e de seus muitos anos de atuação como editor de revistas.

BJÖRN GUSTAVII deu muitos cursos de escrita científica para doutorandos em medicina por mais de trinta anos. Ele traz a este livro toda a sua experiência pessoal, tanto por ter escrito mais de cem artigos científicos quanto por ter trabalhado como editor de revistas científicas.

Sumário

Prefácio à 3ª edição

Querido escritor, querida escritora iniciantes,

Quando eu estava na sua pele, preparando meu primeiro artigo, consultei um livro sobre escrita. E nele encontrei uma frase que encorajava o leitor a se manter em água fervente durante uma hora antes de fazer a análise:

> Depois de ter ficado em água fervente por uma hora, examine o conteúdo do frasco.

Eu sabia o que estava errado com a frase, mas, naquele tempo, não fazia ideia de como revisá-la, e o autor nada me disse. Agora, eu faço. Se, depois de uma hora, você ainda estiver vivo:

> Ponha o frasco em água fervente por uma hora, depois examine seu conteúdo.

Então, neste livro, a todo exemplo problemático se segue uma versão melhorada. Bons exemplos são dados com as devidas referências bibliográficas. Já os exemplos deficientes são apresentados com créditos autorais e títulos dos artigos expurgados.

Fico muito feliz de ter descoberto, desde a publicação da segunda edição, que meu livro é usado em muito mais disciplinas do que apenas em medicina e biologia. Isso é compreensível porque o princípio da escrita científica é o mesmo para todas as disciplinas. Muitos leitores também me pediram para escrever mais demoradamente sobre gráficos. Por isso esta 3ª edição foi ampliada com várias novas seções, que discutem esse assunto em quase todos os seus aspectos com exemplos extraídos de vários campos que não apenas medicina e biologia: economia, direito, história, ciência política e estudos de família.

Por fim, não aceitem todas as minhas sugestões, porque não existe verdade última a respeito de como escrever um artigo — como eu equivocamente acreditava quando era um pouco mais jovem.

Boa sorte, meu amigo, minha amiga!

BJÖRN GUSTAVII

Agradecimentos

Agradeço a Bengt Källén, Carol Norris e Pål Wölner-Hanssen, que fizeram a leitura crítica do manuscrito desta 3ª edição e fizeram sugestões muito válidas.

Agradeço especialmente a Tomas Söderblom, que leu o manuscrito para torná-lo mais compreensível. Durante o processo de escrita, nos encontramos uma vez por mês para trocar ideias sobre trechos desta nova edição.

Muito obrigado também a Yvonne Hultman Özek, que revisou os acréscimos referentes a números de revista eletrônicos; a Richard Fisher, que revisou todas as questões de linguagem e aos seguintes ilustradores: Linnea Dunér (Hela Paletten), Åsa Jägergård (Åsas Firma), Annalena Sandgren (Formligen) e Eva Dagnegård. Todos participaram do redesenho dos gráficos originais e das versões revisadas de meus esboços. Agradeço ainda a Timor Mangal, que consertou tão rapidamente meu computador, quando ele resolveu parar de funcionar.

Por fim, meus agradecimentos a Katrina Halliday, editora da Cambridge University Press, por suas valiosas sugestões.

1

Regras básicas de escrita

Winston Churchill estava sentado a sua escrivaninha, trabalhando em seu épico sobre a Segunda Guerra Mundial, quando seu secretário particular entrou na sala. Churchill tinha chegado até às *Blitzen* – os ataques aéreos alemães contra Londres. Sua equipe de pesquisadores produzira anteriormente um *briefing* de 150 páginas sobre os ataques. Pediu-se ao secretário que cortasse o *briefing* para cerca de duas páginas e meia... Depois de ter "trabalhado como louco", ele agora podia entregar orgulhosamente a versão condensada.

Churchill, então, pegou sua caneta vermelha e começou a editar. "Todas as minhas frases piegas foram ajustadas e todos os meus adjetivos supérfluos foram eliminados", nos diz o secretário em um documentário rodado cerca de cinquenta anos depois (Bennet, 1992). Em meio a tudo isso, Churchill disse gentilmente: "Espero que o senhor não se incomode com o fato de eu estar fazendo isso". O secretário respondeu: "Obrigado, senhor – o senhor está me dando uma lição gratuita de como escrever em inglês com clareza".

Brevidade

Devemos imitar Churchill e excluir cada palavra que não seja essencial. Escritores profissionais agem assim. Brevidade é uma regra elementar de toda escrita, não apenas para economizar o dispendioso espaço de publicação, mas também porque uma escrita verborrágica obscurece o sentido e desperdiça o tempo e a paciência do leitor. E essa é também a essência da próxima regra básica.

Lógica e clareza

Transmitir informação é uma questão, sobretudo, de lógica e clareza. Tudo o que você queira dizer deve estar ordenado de tal modo que o leitor possa seguir sua argumentação ponto a ponto. Além disso, suas frases têm de ser tão claras, tão facilmente compreensíveis, "que o leitor esqueça que está lendo e saiba apenas que está assimilando ideias" (Baker, 1955).

Agora passemos à importância de tornar o manuscrito fisicamente atraente por meio de um exemplo bem ilustrativo.

Fisicamente atraente

Em 1987, época em que quase todos nós ainda usávamos máquinas mecânicas de datilografia, Paul Fogelberg, editor de uma revista científica finlandesa, era um dos professores em um curso de escrita científica. Certa noite, já bem tarde, ele nos contou que estava avaliando um manuscrito no qual apenas a metade da letra "a" era legível. Página após página, aquela meia letra o perseguiu até que, por fim, ele começou a achar que aquilo devia ser algo pessoal contra ele.

Não vi mais Fogelberg até uma reunião de editores ocorrida doze anos depois. Mencionei o tipo avariado, sem realmente esperar que ele fosse se lembrar daquilo. Mas ele respondeu no ato: "Ele não estava avariado. Muito pior – estava sujo!".

Erros de tantos tipos que podem ocorrer realmente importam? Sim, porque os editores conhecem, por experiência própria, a estreita relação entre um manuscrito pobremente apresentado e uma ciência pobre. Certifique-se, então, de que seu manuscrito pareça ter sido cuidadosamente preparado; isso pode influenciar editores e pareceristas a seu favor.

2

Linguagem científica comentada

Uma busca na MEDLINE[1] mostrou que nada menos de 90% dos artigos listados no *Index Medicus* em 1999 tinham sido escritos em inglês, comparados a 53% em 1966 (ano em que a MEDLINE teve início). Logo, a frase "publique em inglês ou sucumba" deve ser levada muito a sério. Lamentavelmente, isso significa que muitos autores são obrigados a escrever em uma língua diferente de sua língua nativa – com todas as implicações que isso possa acarretar. Quero compartilhar aqui um episódio de minha própria experiência como um escritor não nativo de inglês.

Inglês como língua estrangeira

Meu primeiro artigo publicado em inglês foi inicialmente escrito em sueco e depois traduzido para o inglês por um tradutor profissional. "Brilhante!", foi o que pensei quando vi a versão traduzida. Mas quando meu supervisor a leu, balançou a cabeça e disse: "Tente escrever diretamente em inglês!" "Caramba", eu disse a mim mesmo, pensando em minhas notas insuficientes em inglês na escola. "Nunca, jamais serei capaz de fazer isso".

1 MEDLINE (Medical Literature Analysis and Retrieval System Online), criada pela Biblioteca Nacional de Medicina dos Estados Unidos da América (US National Library of Medicine), inclui mais de 21 milhões de referências a artigos de revistas em ciências da vida, com concentração em biomedicina. A cobertura remonta a 1946. A atualização de títulos é mensal.

Mesmo assim, decidi tentar e consultei livros didáticos, que aconselhavam ler grandes escritores da língua inglesa, como Gibbon e seu *Declínio e queda do Império Romano*. Comprei o livro (3.616 páginas em três volumes!), mas não encontrei tempo nem interesse para lê-lo.

Por conta disso, assinei as revistas semanais americanas *Newsweek* e *Time*. E como elas frequentemente cobrem as mesmas pautas, o leitor tem a oportunidade de ler duas vezes, com diferentes palavras, sobre as mesmas questões. Achei isso muito instrutivo.

E também encontrei outro método que me foi muito útil. Quando tinha de lidar com um novo tópico, eu lia as principais publicações em inglês sobre o assunto, sublinhava frases e palavras úteis e depois criava uma lista de termos para cada seção (introdução, métodos etc.). Mas logo vi que raramente eu precisava consultar minha lista. No processo de criar a lista, o cérebro parecia ter retido o que eu lera e anotara.

E eu dificilmente submetia um manuscrito em inglês sem pedir a um especialista que desse uma olhada nele. Idealmente, pessoas que revisam o inglês têm de ser aquelas que:

(1) não apenas são falantes nativas de inglês, mas que também habitem seu país e falem sua língua;
(2) voltem a seu país natal pelo menos uma vez ao ano para renovar seu inglês;
(3) tenham intimidade com a escrita científica.

Revisores que atendam a esses critérios são espécie rara. Por isso, muitos autores têm de confiar em falantes de inglês que, por exemplo, estejam trabalhando em seus departamentos ou laboratórios. No final das contas, isso pode não ser tão ruim, porque não há dúvida de que essas pessoas têm familiaridade com seu campo de pesquisa. Mas você também tem de estar consciente de que pesquisadores falantes nativos de inglês não necessariamente escrevem em inglês fluente – da mesma maneira que nem todos os pesquisadores suecos são bons em sueco, nem os brasileiros, grandes escritores em português brasileiro.

Retomei meu antigo artigo, traduzido do sueco para o inglês. Ao relê-lo trinta anos depois, descobri, embaraçado, que ele não expressava exatamente o que eu queria dizer, embora eu tenha achado o estilo bem elegante.

Mesmo assim, até um texto desajeitado teria funcionado melhor que ele, desde que tivesse conseguido transmitir a informação com precisão.
Por que artigos em biomedicina são quase sempre ininteligíveis? Talvez um editorial publicado em *The Lancet* (1995) tenha dado a resposta quando afirmou que autores de artigos científicos quase sempre escrevem mais para agradar o editor do que para informar o leitor. Eles não se arriscam a desviar do estilo tradicional por medo de ter seu trabalho recusado.
Outro equívoco comumente cometido por iniciantes é a compulsão a ser "completos". Charlie Chaplin costumava dizer algo a respeito disso.

Siga o "leitmotiv"

O documentário *Unknown Chaplin* (Brownlow e Gill, 1983) traz sequências inéditas das produções de Chaplin. Algumas delas são muito mais divertidas do que as que foram realmente incluídas nas versões finais de seus filmes. Por que foram, então, excluídas? Chaplin responde a isso em sua autobiografia (Chaplin, 1973). "Se um caco interferisse na lógica dos acontecimentos, por mais engraçado que fosse, eu não o usava."
Logo, aconselho você a fazer como Chaplin: resistir ao apelo de incluir todo e qualquer item de evidência obtido. Em outras palavras, não inclua observações que se afastem do tema principal – por mais interessantes que elas pareçam ser (você certamente encontrará espaço para elas em outro lugar, ou elas poderão originar hipóteses a serem testadas em estudos futuros). Contudo, se determinada informação exige ser mencionada, você pode inseri-la entre parênteses – como acabei de fazê-lo na sentença anterior.
Pesquisadores normalmente têm muito pouco tempo. Certa vez, ouvi um cientista dizer que só conseguia ler artigos enquanto se encaminhava para o trabalho! Essa é uma forte razão para fazer artigos curtos; a outra é que termos supérfluos obscurecem o sentido.

Verborragia

No parágrafo a seguir, adaptado de Kesling (1958), 40 das 59 palavras podem ser omitidas:

> Nossa pesquisa, desenhada para testar os efeitos letais da $PGF_{2\alpha}$ em cães, foi realizada mediante a introdução intravenosa da droga. Durante os experimentos, uma quantidade relativamente pequena, 30 mg, foi administrada a cada animal. Em 100% dos casos, a $PGF_{2\alpha}$ se demonstrou letal; todos os 10 cães faleceram antes de um lapso de tempo de cinco minutos após a injeção.

Dezenove palavras seriam suficientes:

> Injeção intravenosa de 30 mg de prostaglandina $PGF_{2\alpha}$ para cada cão, num total de dez, mata-os em cinco minutos.

"Omita termos desnecessários" é a regra nº 17 de *The Elements of Style*, de Strunk e White (2000). Na introdução à 3ª edição do livro, E. B. White, um discípulo de Strunk, nos conta que seu mestre omitiu tantas palavras desnecessárias em seu curso de inglês que nada lhe restaria a dizer no encerramento de sua aula, se ele não tivesse usado um truque bem simples: enunciar a mesma sentença três vezes: "Omitam termos desnecessários! Omitam termos desnecessários! Omitam termos desnecessários!"

Mas não precisa exagerar. O estilo telegráfico da frase a seguir, extraída de *Contraception*, deve ser um enigma para um não especialista:

> Ratos jovens maduros Sprague Dawley (200 g) (Charles River, Itália) foram [usados].

O que é que "jovens" e "maduros" querem dizer? O que "Sprague Dawley" e "Charles River, Itália" fazem aqui? E todos os ratos pesavam exatamente 200 g? O leitor médio provavelmente estará mais bem informado com o seguinte:

> Os ratos usados nesse experimento foram obtidos no Charles River Breeding Laboratories e descendiam da linhagem Sprague Dawley. Eram animais sexualmente maduros, de 100 dias, e pesavam de 190 a 215 g.

Ele/ela

A maioria dos escritores não usa mais pronomes masculinos (*ele*, *seu*, *o*) para denotar tanto homens quanto mulheres. Significará isso que nossas línguas agora são menos sexistas? Não. Ao contrário, chegamos a construções como *ele/ela*, *ele(a)* , *o(a)*, que dificilmente resolvem o problema, antes o enfatizam. Vejamos um exemplo extraído de um manuscrito:

> Cada paciente foi entrevistado(a) na unidade ambulatorial a que ele(a) pertencia.

Como evitar construções como esta? O modo mais simples frequentemente é usar o plural:

> Todos os *pacientes* foram entrevistados na unidade ambulatorial à qual pertenciam.

Nas ocasiões específicas em que o uso do plural parece impossível, refaça a oração, tentando eliminar as marcas de gênero.

Apenas quando todos os expedientes fracassarem, use o menos esquisito *ele ou ela*.

Por fim, preciso contar uma piada de Sheila McNab (1993).

> Em um acidente de trânsito muito grave, o pai morreu e seu filho ficou gravemente ferido. Quando o garoto foi posteriormente levado para o centro cirúrgico, o cirurgião empalideceu e exclamou: "Não posso operar esse garoto, ele é meu filho!".

Se você foi incapaz de entender imediatamente que o cirurgião era a mãe do garoto, trate de pensar um pouco mais. Quando testei essa piada com meus estudantes de graduação, apenas um estudante do sexo masculino conseguiu atinar com uma resposta: o homem que morrera era o padrasto!

Voz ativa ou voz passiva

Outrora, os cientistas eram obrigados pela tradição a usarem a voz passiva. O uso de pronomes de 1ª pessoa (*eu* ou *nós*) era visto como pretensioso, até mesmo indelicado. Já hoje, nem tanto. Os cientistas atuais ousam fazer o mesmo que Watson e Crick, lá em 1953, tiveram coragem de fazer na frase de abertura de seu clássico sobre a estrutura do DNA – dizer *nós:*

Nós gostaríamos de sugerir...,

que é mais direto, mais fácil de ler e mais sintético que a passiva:

Nesta carta, faz-se uma sugestão...

Temos a seguir outro exemplo, extraído da *New Scientist* (1993). Seu antigo editor, Bernard Dixon, encontrou a seguinte frase em um manuscrito apresentado para publicação:

O modo de ação do soro antilinfocitário ainda não foi determinado por pesquisadores neste país ou no exterior.

Dixon a substituiu por:

Não sabemos como o soro antilinfocitário funciona.

"O autor me ligou imediatamente", Dixon lembra, "para se queixar da interferência editorial. [...] Como podia uma revista de tamanho prestígio quanto a *New Scientist* mudar o sentido de uma frase de um autor de maneira tão arrogante? Mas eu respondi que o sentido não fora alterado. Simplesmente tínhamos cunhado uma frase mais legível e direta – reduzida a um terço de sua extensão original".

Contudo, em métodos e seções de resultados, a voz passiva geralmente é mais eficiente. Ela enfatiza a ação, em vez da pessoa que a desempenhou. Logo, a forma ativa:

Eu interrompi a divisão celular com colchicina

não tem vantagem real sobre a passiva:

A divisão celular foi interrompida com colchicina,

visto que ninguém está interessado em quem tenha desempenhado o ato. Além do mais, quando se trata de vários autores, o *nós* em:

Nós interrompemos a divisão celular com colchicina

provavelmente não é verdadeiro – a menos que cada um dos autores tenha adicionado uma porção! Portanto, as vozes ativa e passiva têm, cada qual, seu lugar na escrita científica.

Tempo verbal

Apenas dois tempos verbais são normalmente usados em escrita científica: o presente e o pretérito (Day, 1995; Day e Gastel, 2006). O *presente* é usado para o conhecimento estabelecido (incluindo seus próprios achados, já publicados), o *pretérito* é usado para resultados que você esteja reportando naquele momento.

A maioria das seções de resumo descreve seu próprio trabalho atual; ele é referido no tempo pretérito. Grande parte das seções de introdução enfatizam o conhecimento previamente estabelecido; dado no tempo presente. A seguir um exemplo (Dembiec *et al.*, 2004; destaques meus):

> INTRODUÇÃO
> Tigres **são** frequentemente transportados [mas] o efeito da transferência sobre eles ainda não foi documentado [2]. ...

As seções de métodos e de resultados descrevem aquilo que você fez e descobriu; elas vêm no tempo passado:

> MÉTODOS
> Nós **simulamos** o transporte transferindo cinco tigres para uma pequena jaula individual de transferência. ...
>
> RESULTADOS
> A frequência respiratória média de todos os tigres **aumentou**. ...

Por fim, na seção de discussão, onde você compara o conhecimento estabelecido com suas próprias descobertas, normalmente você oscila para frente e para trás entre o tempo presente e o pretérito — até mesmo numa mesma frase.

Apostos e modificadores

No *USA TODAY* (de 13 de outubro de 1992), vi o seguinte:

> Mulher de transplante de fígado de porco morre.

Como manchete de um jornal, esta frase é aceitável. Ela é inteligível e sem ambiguidade. E a redução de espaço a torna necessária. Mas em um artigo científico, uma sentença como essa pareceria ridícula. Vamos agora registrá-la por extenso:

> A mulher transplantada com um fígado de porco faleceu.

A frase a seguir, extraída de *Contraception*, deve ser inteira e imediatamente inteligível para um especialista no campo:

> Soro celular antirrato de baço de coelho...

Mas pesquisadores que não atuam nesse campo podem indagar a qual animal o baço pertencera. O escritor poderia ter poupado muitos leitores de alguma perturbação se tivesse escrito:

> Soro antirrato de coelhos imunizados com células de baço de rato...

Contudo, é bastante aceitável conjugar uns poucos substantivos e modificadores desde que fique completamente claro o que você pretende dizer e desde que o leitor possa apreender o fio de palavras na primeira leitura, como neste exemplo de uma seção de métodos (Mehrotra *et al.*, 1973):

> Colônia de ratos albinos fêmeas...

e este, usado como subtítulo (Gardiner *et al.*, 1980):

> Porquinhos-da-índia anestesiados respirando espontaneamente.

Prevalência e incidência

As palavras *prevalência* e *incidência* estão entre as mais inadequadamente usadas em relatórios médicos. *Prevalência* diz respeito ao número total de casos de uma doença ou condição clínica existente em determinado momento. *Incidência* refere-se ao número de novos casos que se desenvolvem durante um tempo determinado. No exemplo a seguir, extraído da *Newsweek* (Begley, 1996), a prevalência é de 200.000 e a incidência, de 12.000.

> A cada ano, cerca de 12.000 americanos juntam-se aos mais de 200.000 que já convivem com lesões paralisantes da medula espinhal.

Evite usar "respectivamente"

Respectivamente obriga o leitor a parar e reler a frase, como no exemplo a seguir, visto em um manuscrito em preparação:

> A redução de fitato no trigo, no centeio, na cevada com ou sem cascas incubados com 40 g de água/100 g de cereal por 24 horas a 55º C era de 45, 56, 48 e 77%, respectivamente.

A versão a seguir é direta e permite ao leitor avançar (texto revisto em itálico negritado):

> Após a incubação com 40 g de água/100 g de cereal durante 24 horas a 55º C, ***a redução de fitato no trigo foi de 45%; no centeio, de 56%; na cevada com cascas, de 48%; e na cevada sem cascas, de 77%.***

A construção "e/ou"

A expressão *e/ou* desordena o fluxo textual, como neste exemplo:

> O efeito da estreptoquinase intravenosa e/ou da aspirina oral...

que o leitor teria achado mais fácil se o texto fosse:

> O efeito da estreptoquinase intravenosa, da aspirina oral, ou de ambas...

Um olhar mais atento ao texto quase sempre revela que *e/ou* pode ser substituído por *e* (*The ACS Style Guide*, 1977):

> Nosso propósito é confirmar a presença do alcaloide nas folhas e/ou raízes,

ou por *ou* (De Looze, 2002):

> Informação confidencial pode ser dada exclusivamente aos pacientes e/ou parentes próximos.

A construção *e/ou* não tem lugar na escrita científica.

Atenuação desnecessária

Atenuar é uma maneira de dizer "talvez" mais de uma vez. Dois ou mais atenuadores podem minar completamente a força de uma sentença. O eminente escritor da tirinha a seguir substituiu sete atenuadores ("tem a impressão", "não é inconcebível", "sugerir", "pode", "indicar", "possível", "provavelmente") por apenas um: "Acho". Um atenuador é mais que suficiente.

Figura 2.1: O autor visto na figura pensou duas vezes antes de apresentar sua mensagem. (Reilustrado, com permissão, de Majewski, 1994.)

Até quando se é jovem?

Analise o título de um artigo:

> Herniografia de mulheres mais jovens com dores de virilha não esclarecidas.

O resumo desse artigo afirmava que se tratava de mulheres abaixo dos 40 anos de idade. Bem, vistas desde minha perspectiva, essas mulheres eram jovens, mas a média dos leitores certamente teria apreciado uma definição mais precisa da idade delas, como no exemplo a seguir (Sundby e Schei, 1996):

> Infertilidade e subfertilidade em norueguesas na faixa de 40-42 anos. Prevalência e fatores de risco.

Em outros casos, uma faixa etária pode ser definida por um termo específico, como no título abaixo (Gold *et al.*, 1996):

> Efeitos do fumo sobre a função pulmonar de adolescentes.

É recomendável você usar terminologia específica, quando ela exista, para reportar a idade dos sujeitos. Veja os grupos etários recomendados por MEDLINE em janeiro de 2007:

Bebês	nascimento-23 meses
Crianças	0-18 anos
Adultos	19+ anos
Recém-nascido	nascimento-1 mês
Infante	2-23 meses
Criança em idade pré-escolar	2-5 anos
Criança	6-12 anos
Adolescente	13-18 anos
Adulto	19-44 anos
Meia idade	45-64 anos
Meia idade + idoso	45+ anos
Idoso	65+ anos
80 e acima	80+ anos

Só não me pergunte por que a categoria "adultos" exclui pessoas de 18 anos. Perceba que *jovem* não aparece na lista – por ser indefinível. Pessoas abaixo da idade adulta podem ser referidas como *meninos* e *meninas*. Para adultos, *homens* e *mulheres* são os termos corretos.

Evite sinônimos para alcançar elegância de variação

Na lista de abreviaturas de um manuscrito em preparação, encontrei o seguinte (o itálico negritado é meu):

> C_{max}: máxima ***concentração*** de plasma alcançada.
> T_{max}: tempo no qual o ***nível*** máximo de plasma foi alcançado.

Mesmo que "concentração de plasma" e "nível de plasma" aqui sejam sinônimos perfeitos, usá-los no mesmo artigo pode confundir seus leitores. Escolha um e fixe-se nele. Escrita científica não é escrita literária.

Sujeito distante do verbo

Um dos erros mais comuns na escrita científica é o uso do "sujeito distante do verbo". Na sentença a seguir, 35 termos e números separam o sujeito ("crianças") do verbo ("foram convidadas"), numa citação extraída de uma dissertação:

> Crianças (n = 99, 54 meninos e 45 meninas) nascidas entre 1990 e 1995, adotadas durante 1993-1997 da Polônia, Romênia, Rússia, Estônia e Letônia através de agências de adoção autorizadas na Suécia e vivendo na região de Västra Götaland, foram convidadas a participar deste estudo.

A distância poderia ter sido evitada se a sentença tivesse sido iniciada na 1ª pessoa, na voz ativa, seguida pelas últimas palavras da sentença original:

> Nós convidamos para participar deste estudo crianças...

3

Elaboração do manuscrito

Dado que dois autores nunca escrevem do mesmo modo, ninguém pode dizer qual forma de escrita combina mais com você. Você terá de descobrir isso por si mesmo. O procedimento de escrita aqui traçado é aquele que eu, pessoalmente, considero o mais útil – por tentativa e erro. Espero que você descubra alguma parte dele que possa adotar para si.

Parte capital desse esquema de escrita é coletar ideias no decorrer do estudo.

Registre seus pensamentos na medida em que eles surgem

Enquanto o estudo ainda está em processo, anote ideias à medida que elas lhe ocorram. As notas podem ser reunidas, por exemplo, em um fichário que contenha pastas de plástico, uma para cada seção do artigo (o cineasta Woody Allen trabalha mais ou menos desse mesmo modo; em uma gaveta ele vai juntando tiras de papel com ideias para seu próximo filme).

Ideias podem surgir em qualquer lugar – na cama, no banho, na rua, no ônibus, no trem, no carro. Então, espalhe suas cadernetas estrategicamente, de maneira a sempre ter uma delas ao alcance da mão, onde quer que você esteja. Use uma folha para cada ideia, mesmo que a ideia seja apenas uma única linha ou frase. Ao final, o arquivo pode vir a conter todos os componentes do artigo (ou do roteiro do filme), esperando apenas para ser postos em ordem.

Onde e quando escrever?

Quando eu ainda era iniciante, cometi o erro capital de parar por duas semanas e me sentar numa segunda-feira de manhã na tentativa de escrever todo, de uma só vez, o primeiro rascunho, do início ao fim. Não deu certo. Escritores profissionais não agem assim. Eles sabem, por experiência própria, que só podem trabalhar criativamente umas poucas horas por dia. Eles também sabem da importância de trabalhar ininterruptamente, sem telefone tocando, sem visitas pipocando. Por exemplo, uma vez, quando Vilhelm Moberg, autor da grande epopeia sobre os suecos que deixaram sua pátria rumo aos Estados Unidos, estava escrevendo na Califórnia, só encontrou um único lugar para trabalhar sem ser perturbado – o sótão da casa. Ali, ninguém conseguia chegar até ele, que subia e fechava por dentro o alçapão de acesso.

Lógico que escrever uma epopeia não é a mesma coisa que escrever um artigo científico, cujas seções bem definidas podem ser usadas para dividir o texto em etapas separadas. Seções curtas, como resumo e introdução, podem ser escritas em uma única sessão cada uma. Seções longas, como os resultados e as discussões, têm de ser divididas em partes menores, cada uma delas devendo ser escrita em uma sessão.

Como isso funciona na prática

Admitamos que, durante esse turno de trabalho particular, você pretenda escrever a introdução. Você dispõe de três horas. Antes de começar, leia e revise aquilo que escreveu durante o turno anterior. Depois, leia as notas que compilou para a introdução. Digamos que você empregue, para escrever essa seção, cerca de duas das três horas de que dispõe. Não importa! Ao concluir, pare de escrever no ato – isso lhe dará o sentimento do dever cumprido. Contudo, antes de encerrar o dia, leia as notas que compilou para a próxima parte e esboce resumidamente os tópicos principais em frases breves, incompletas.

Mesmo que você ainda tenha 20 minutos para gastar, que esteja se sentindo cheio de energia e de criatividade, *não* comece a escrever a próxima parte. Se o fizer, pode ter de deixar o trabalho incompleto, com um sentimento de insatisfação. Uma vez, Ernest Hemingway disse

a respeito de escrever: “Pare sempre no topo”, e isso é exatamente o que você faz se parar sempre ao concluir determinada parte.
Pesquisadores médicos com uma agenda clínica raramente têm mais que três horas ininterruptas de tempo disponível. Mas este nosso programa de escrita pode ser usado em períodos mais curtos (1-2 horas) se você ajustar as peças do trabalho de acordo com isso. Grande vantagem desse esquema de escrita é que você não precisa escrever todos os dias.

Ordem reversa

Você não precisa começar com o resumo ou a introdução. Pode começar escrevendo a seção mais fácil, que bem pode ser a de métodos ou a de resultados. Essa abordagem oferece melhor apoio psicológico. Começar com a informação que você conhece melhor (os métodos ou os resultados) significa fazer um terço do artigo rapidamente, e você fica querendo escrever mais. Portanto, sinta-se livre para escrever as demais seções na ordem que lhe pareça a mais produtiva.

4

Escolher uma revista

Você certamente encontrará a revista certa para seu artigo entre os periódicos que costuma ler. Ali estarão seus leitores.

Fator de impacto

Se achar que várias revistas parecem adequadas, você pode se sentir tentado a comparar o fator de impacto desses veículos. Mas veja, o fator de impacto tem suas limitações. Ele não avalia artigos individualmente, mas ranqueia revistas. Além do mais, fatores de impacto altos são os mesmos em revistas que cubram áreas de pesquisa básica. A revista *Nature* tinha em 2014 um fator de impacto de 42,4; o número equivalente para a revista mais ranqueada em seu campo, a *American Historical Review*, era de 1,3. Em consequência disso, de nada vale comparar fatores de impacto entre disciplinas.

Dito isso, vamos dar uma olhada em uma área específica, *Cirurgia*. As 202 revistas elencadas em 2014 tinham um fator de impacto da ordem de 0,1-7,9. É razoável pensar que a revista com um fator de impacto de 7,9 atraia os melhores artigos no campo e que essa revista tenha maior impacto sobre a ciência cirúrgica que uma revista que tenha um fator de impacto de 0,1.

Mesmo assim, se você escolher uma revista de alto impacto, a publicação de seu artigo pode ser adiada, como se pode depreender da pergunta feita por um participante de curso:

> Devo enviar meu artigo a uma revista com alto fator de impacto sob risco de vê-lo ser recusado, ou devo enviá-lo a uma revista com menor fator de impacto e vê-lo ser publicado mais rapidamente?

Se você estiver intuindo que seu artigo é de ponta, tente a revista de alto impacto – desde que se trate de uma revista especializada em seu campo de pesquisa. Contudo, se se tratar de uma revista fora do seu raio de especialidade e se seu artigo for aceito e publicado, essa revista pode vir a se revelar como uma publicação que não será lida por pesquisadores de seu campo de especialidade. Por exemplo, um colega meu se lamentava de que seu excelente artigo publicado em uma das revistas médicas mais altamente ranqueadas, *The Lancet*, não era citado. Porém, quando você já está no campo por tempo suficiente, conseguirá intuir qual é a revista certa.

Faculty of 1000

O fator de impacto, como vimos, ranqueia revistas; ele não avalia artigos isoladamente. Alguns artigos podem nunca ser citados, enquanto outros se tornam clássicos. Embora isso extrapole o objetivo deste livro, vou lhe indicar uma maneira de encontrar os melhores artigos no campo da medicina e da biologia: visite o *site* Faculty of 1000 (f1000.com). O *site* classifica artigos individuais de acordo com seu mérito, independemente de onde eles tenham sido publicados. Mesmo assim, esteja ciente de que um artigo classificado no topo do *ranking* não necessariamente terá sido bem escrito.

Acesso livre

Acesso livre significa que qualquer pessoa pode ler o artigo *online* gratuitamente e baixá-lo. A única restrição ocorre quando você reproduz o conteúdo em um artigo seu, por exemplo, uma tabela ou uma figura. Em tais casos, você precisa dar crédito ao autor e registrar a fonte.
Autores de revistas de acesso livre pagam de US$1.000,00 a US$3.000,00 (algumas delas chegam a cobrar US$5.000,00) por artigo, através de sua instituição ou de seus patrocinadores de pesquisa.

Algumas revistas de acesso restrito abrem o acesso depois de um período de 6 a 12 meses de embargo, ou mais (acesso livre *protelado*). No sumário, antes do título do artigo, você vai encontrar o logotipo de acesso livre (figura 4.1).

Figura 4.1: Logotipo Acesso Livre (Open Access). Arte em PLOS, modificada pelos usuários da Wikipédia, Nina Beao e Jakob Voss.

Grandes beneficiários do acesso livre podem ser os usuários residentes em países em desenvolvimento, nos quais algumas universidades podem ter dificuldades de pagar as assinaturas exigidas para se ter acesso a revistas.

O acesso livre amplia o alcance de uma pesquisa para além de seu círculo acadêmico imediato. Um artigo de acesso livre pode ser lido por qualquer pessoa: um jornalista, um político, um funcionário público, ou qualquer leigo interessado.

Uma crítica que se pode fazer é: revistas de acesso livre podem ser financeiramente incentivadas a aceitar trabalhos de baixa qualidade, porque quanto mais artigos forem publicados, maior a receita auferida. Uma revista em papel pode assumir de 5 a 25 artigos originais, ao passo que, em revistas de acesso livre, o céu é o limite para a quantidade de artigos originais que podem ser publicados.

Publicar antes de imprimir

A maioria das revistas agora disponibiliza *online* o manuscrito aceito e revisado antes de ele ser publicado na versão impressa, que pode levar vários meses. Nesse estágio prévio, o artigo pode receber um número que funciona como Digital Object Identifier (DOI) (http:/www.doi.org) [o Identificador de Objeto Digital]. Use esse número quando for fazer referência à versão *online.*

Algumas revistas publicam apenas uma versão abreviada em forma impressa, ao lado de uma versão *online* mais detalhada e extensa; desse modo, as revistas podem ter espaço para mais artigos.

5

Para começar

Comece com os gráficos

Ao se sentar para escrever o texto principal de seu artigo, você já deve estar com as figuras (gráficos) e as tabelas prontas diante de si ou, pelo menos, com um esboço delas, incluindo legendas e os títulos das tabelas. Construí-las depois de rascunhar o artigo seria como se um arquiteto resolvesse construir uma casa antes de projetá-la no papel.
Agora, vamos começar com o gráfico.

Usar um gráfico

Um gráfico deve acrescentar algo e não ser meramente decorativo. Quase sempre os dados estariam mais bem apresentados em uma tabela ou em uma descrição. Portanto, pense bem se seus resultados realmente têm de ser mostrados em um gráfico.
Alguns gráficos devem ser usados com moderação. A informação retratada em um *gráfico de pizza* poderia ser mais claramente mostrada em uma tabela. O *diagrama de caixa* é frequentemente usado em casos nos quais um leiaute menos complicado funcionaria melhor. A maioria dos *gráficos tridimensionais (3D)* não traz a terceira dimensão nos resultados; eles são falsamente introduzidos.

Programas de computação gráfica

O uso dos gráficos supramencionados realmente explodiu quando os programas de computação gráfica surgiram em finais dos anos 1980 e os próprios pesquisadores puderam assumir a tarefa de ilustração de seus artigos. Mas eles não tinham sido treinados para isso. Antes disso, o departamento gráfico geralmente fazia os gráficos. Os pesquisadores entregavam um rascunho feito a caneta ou notas sobre os dados de pesquisa e, depois de alguns dias, recebiam exatamente o que queriam.

Programas usados

Sempre me perguntaram quais são os programas de computação para fazer figuras que eu uso. Minha resposta: eu mesmo nunca lancei mão de tais programas; meus ilustradores, sim. Faço um esboço detalhado de um gráfico em papel com caneta e régua. Depois, ele fica indo e voltando entre mim e o ilustrador até chegar à forma pretendida. Eu costumava agir assim enquanto publicava ativamente em minha área de pesquisa.

Um simples gráfico pode custar não mais do que você paga por um Big Mac, por uma lata de cerveja ou por um maço de cigarros. Mesmo assim, eu mesmo sempre fiz os esboços porque, naquela época, eles me custariam uma pequena fortuna se fossem feitos por um profissional. Além disso, eu teria de esperar meses para ter o trabalho concluído.

Os gráficos deste livro

As novas ilustrações desta edição foram extraídas de revistas muito bem avaliadas, ao lado de exemplos ruins para efeitos de comparação. Na maioria dos casos, os gráficos originais também foram refeitos, para maximizar a qualidade da imagem. (Peço desculpas por qualquer erro em minha transcrição.) Mesmo assim, em alguns casos, os gráficos foram conseguidos *online* (cópia eletrônica) dos artigos publicados ou enviados pelos autores.

Em muitos casos, se requer algum conhecimento da pesquisa para se poder entender por que um gráfico não atende às expectativas do autor. Por isso, em muitos casos, descreverei a pesquisa subjacente a esses gráficos.

Ilustradores

Quatro ilustradores refizeram os gráficos originais e, a partir de meus esboços, desenharam as versões revistas. Embora os princípios que eles usaram tenham sido os mesmos, eles podem diferir em detalhes, por exemplo, na intensidade dos tons de cinza e na espessura das linhas.

Comentário. Existem regras para fazer gravuras. Mas — para fazer sua mensagem chegar ao leitor — o senso comum deve sempre ter a primazia sobre as regras.

6

Legendas

Dois itens na legenda

Uma legenda numa figura tem de incluir dois itens:

(1) seu **título**, que determina o que a figura mostra (o *tópico*);
(2) sua **mensagem**, que explica o que a figura diz (o *argumento*).

A seguir, um exemplo típico pelo qual se diz ao leitor apenas o que a figura mostra – o tópico (*Wildlife Monographs*, 1991):

> Figura 10: Frequência de chamados de cio por hora no Parque Nacional Chitwan, Nepal.

Seria preciso acrescentar apenas cinco palavras à legenda original para especificar o argumento da figura (a partir daqui uso o negrito para indicar o acréscimo de uma mensagem à legenda):

> Figura 10: Frequência de chamados de cio por hora no Parque Nacional Chitwan, Nepal, **pico durante setembro e outubro**.

No exemplo a seguir, extraído da *American Economic Review*, 2006,

> Figura 1: Crescimento salarial nominal na indústria dos EUA e do Japão, 1950-1971,

toda a legenda original poderia ser substituída pela mensagem:

> Figura 1: **De 1950 a 1971, os salários nominais na indústria cresceram mais no Japão do que nos Estados Unidos e dramaticamente mais a partir de 1960.**

Mensagem principal

Duas mensagens na mesma legenda tendem a obscurecer o sentido uma da outra. Logo, vamos convencionar: neste livro, apenas a mensagem *principal* será apresentada – escrita de maneira breve e concisa. Em nenhuma circunstância, tal mensagem concentrada deve substituir aquilo que você está descrevendo na seção de resultados que, geralmente, tem de incluir aquilo que você descobriu, com todos os detalhes necessários. (Em outras partes do manuscrito, por exemplo, no resumo e na seção de discussão, você repete parte dos seus resultados. E fazer isso também na legenda é muito mais importante, visto que essa parte é uma das mais visíveis no artigo.)
Nenhuma mensagem é necessária quando o gráfico serve apenas de base para a discussão.

Abreviaturas

Todas as abreviaturas devem ser explicadas sob a primeira figura de um artigo, sem que seja necessário repeti-las sob as figuras subsequentes: a seguinte nota de rodapé será o bastante: "Abreviaturas como na figura 1".

Fonte

A fonte Helvetica é aquela que geralmente se usa em uma legenda para distinguir seu texto do texto principal do artigo. A Helvetica também é usada no texto da ilustração em si.

7

Preparar um gráfico

Gráfico de linhas

A ilustração mais comumente usada em um artigo de pesquisa é o gráfico de linha. Vamos dar uma olhada em seu desenho, para ver o que geralmente pode ser melhorado. Vamos discuti-lo ponto a ponto. O gráfico escolhido para identificar algumas de suas partes foi extraído da *American Economic Review*, uma das principais revistas no campo da economia.

Curvas e grades

Na figura original (7.1), as curvas são diferenciadas tanto pelo tipo da linha quanto pelo tipo de marcador. Elas são substituídas por linhas cheias (figura 7.2). Os marcadores são, então, apagados; daí se entende que os salários são calculados anualmente. (Marcadores provavelmente são excessivamente usados em escrita científica.) As curvas são rotuladas diretamente, com isso tornando redundante a chave separada que as identifica.

Na figura a seguir, as curvas não se cruzam. Um cruzamento desses pode ser representado nas várias maneiras exibidas nos exemplos dados a seguir.

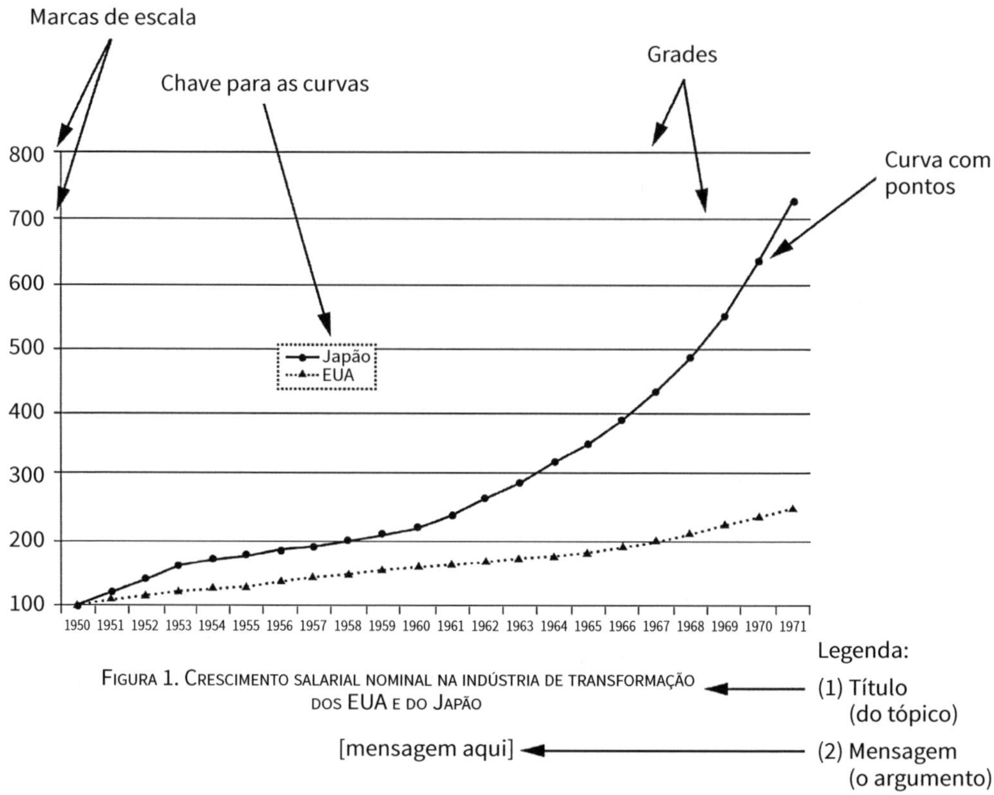

Figura 7.1: Reproduzida, com permissão, de MacKinnon, *American Economic Review*, 2006. Em revisão.

Um gráfico pretende indicar uma tendência, não números exatos. Por isso as grades são quase sempre desnecessárias, como nesse caso, e removidas.

Escala 1:1

A escala ideal, aquela próxima do formato 2:3, foi pensada para ser o mais esteticamente agradável. Por isso, essa escala entre eixos é frequentemente usada. Mas o formato 2:3 pode ser incorretamente usado, porque os autores podem se ver tentados a condensar ou a alongar uma escala para fortalecer um argumento. Então, se você não tiver razões específicas para escolher outro formato, a relação entre eixos deve ser normalmente 1:1, e essa é a escala para a qual o gráfico acima (figura 7.2) foi trazido. E fiz isso aqui apenas por razões didáticas. Contudo, em muitos outros casos neste livro, mantive o formato original da figura para facilitar a comparação com a figura refeita. Os eixos juntos (vistos de modo tão frequente) estão separados na figura refeita. Geralmente, não se tem motivo para juntá-los, além de tradição ou conveniência. Mas uma razão para tê-los juntos é quanto eles têm o zero em comum (ver figura 10.1).

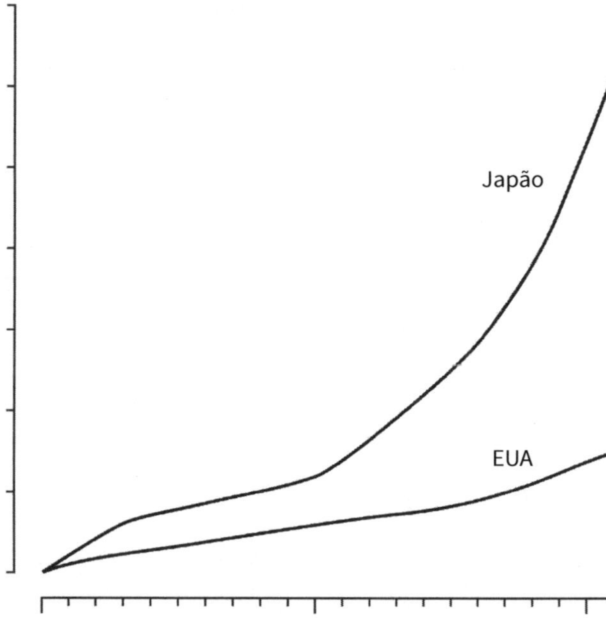

Figura 7.2: Curvas feitas em linhas sólidas, levemente mais grossas que os eixos e diretamente rotuladas. Marcas de escala apontam para fora. As grades foram removidas. Eixos separados. A relação entre os eixos é de 1:1.

Texto pequeno demais para ser lido

O erro mais comum dos exemplos dados é que o texto é muito pequeno. Numa revista *em papel*, todo gráfico deve suportar a redução necessária à largura de uma coluna de revista (cerca de 8 cm). Depois da redução, o texto deveria ter quase o mesmo tamanho do texto principal da revista. Reduza seu gráfico na tela de seu computador ou em uma fotocopiadora para ver se será esse o caso. No caso de uma revista exclusivamente *online*, tal restrição não se dá, é claro, embora uma figura *online* possa ser beneficiada por um leiaute bem executado.

Na figura original (7.1), os 22 dados do eixo horizontal são pequenos demais para serem lidos. Eles foram reduzidos a três dados e seu tamanho pôde ser aumentado (figura 7.3).

Rotulagem

O leitor não pode ter dúvidas a respeito do que os eixos mostram. Mas se o eixo vertical estiver implicado no título, use apenas uma versão abreviada do título, ou então nada. Se o eixo horizontal estiver dividido em, por exemplo, janeiro, fevereiro, março etc., "mês" não precisa ser explicitado. Sempre ponha o rótulo em posição paralela aos eixos.

O que o gráfico quer dizer

No que se refere à figura original (7.1), o leitor precisa recuar uma página para ver o que a figura quer dizer. O leitor agradeceria se, pelo menos, a mensagem principal fosse exposta na página mesma em que a figura aparece. E isso se faz ao se substituir a legenda original pela mensagem principal.

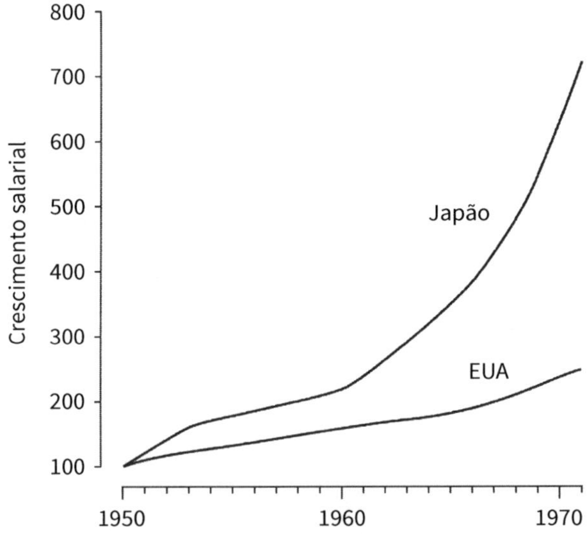

Figura 7.3: Versão redesenhada do gráfico original (7.1) e a legenda original substituída pela seguinte mensagem:
De 1950 a 1971, os salários nominais na indústria de transformação cresceram mais no Japão do que nos Estados Unidos e expressivamente mais a partir de 1960.

Doravante, vou discutir primeiro a figura, depois sua mensagem. A figura original geralmente é colocada numa página esquerda e a figura redesenhada na página oposta a ela; contudo, em certos casos, ambas as figuras acham espaço na mesma página. Desse modo, você pode vê-las

num só relance e compará-las. Às vezes, um gráfico não é redesenhado, por se tratar de um exemplo ilustrativo que não carece de revisão, ou por se tratar de uma figura que omitiu alguns detalhes fundamentais, o que impossibilita redesenhá-la de modo adequado.
No exemplo a seguir (7.4), as principais porcentagens estão inseridas no gráfico revisado junto com uma linha de referência.

▹ Os funcionários do governo norte-americano são corruptos?

Em um estudo parcial, os autores compararam as visões que afro-americanos e brancos mantinham acerca da corrupção entre funcionários do governo norte-americano. Os dados foram compilados do banco de dados NES DATASET.

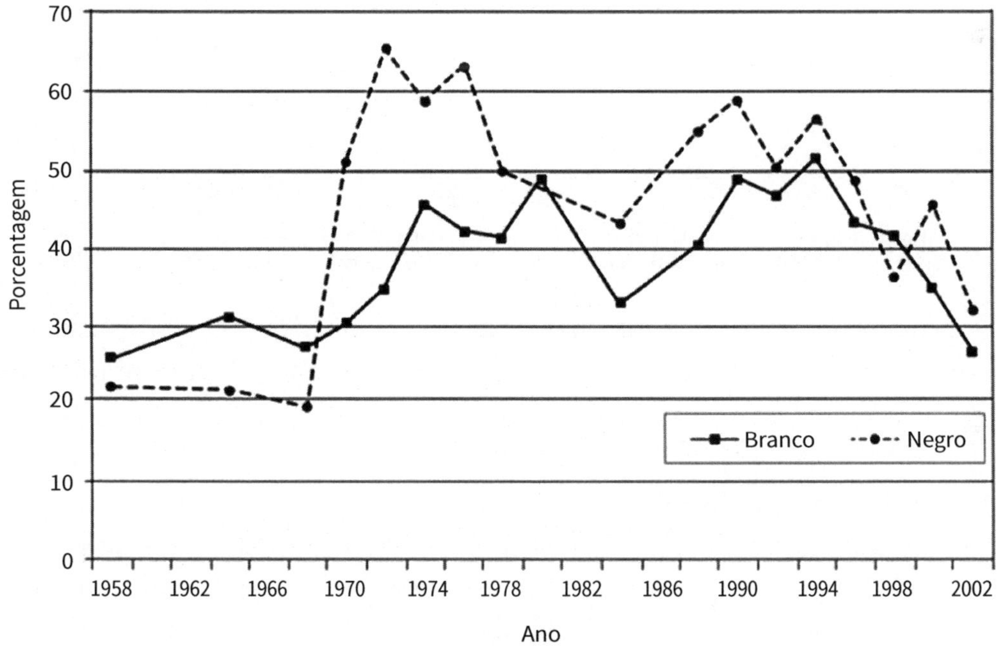

Figura 7.4: Raça e percepções de "Desonestidade" no Governo (1958-2002) (reproduzido, com permissão, de Persily e Lammie, *University of Pennsylvania Law Review*, 2004).

Os marcadores mais fáceis de distinguir são os círculos fechados e abertos, usados a seguir no gráfico redesenhado. As curvas são rotuladas diretamente.
Mais uma vez, o leitor tem de virar a página para poder ver o que a figura quer dizer: ou seja, que a diferença racial era mais pronunciada

em 1972, quando 65% dos afro-americanos julgavam que os funcionários públicos norte-americanos eram desonestos, contra apenas 35% de brancos. Esses números foram inseridos no gráfico redesenhado junto com uma linha de referência ao ano de 1972.

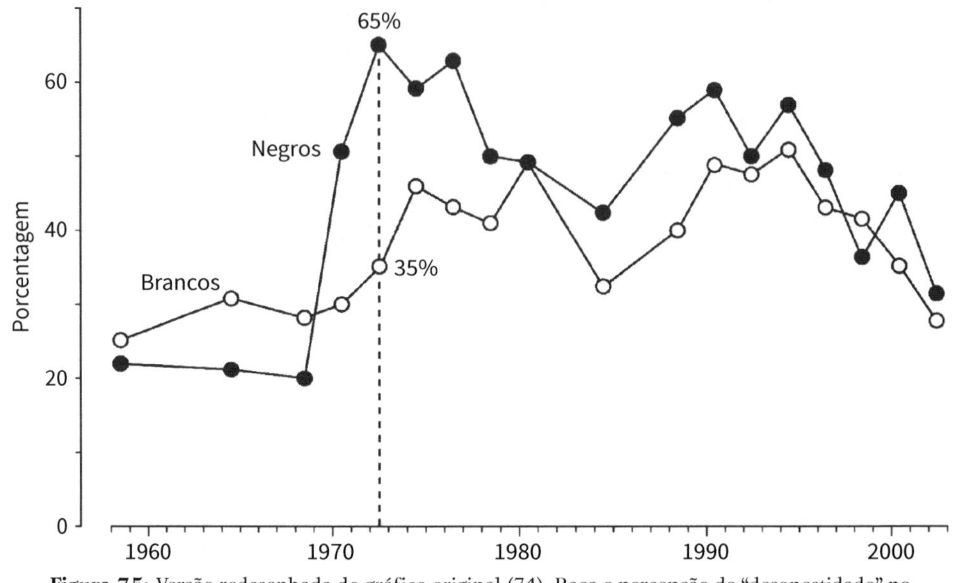

Figura 7.5: Versão redesenhada do gráfico original (7.4). Raça e percepção de "desonestidade" no governo (1958-2002), **com a diferença racial sendo maior em 1972, com decréscimo posterior**.

Por uma razão não evidente, duas figuras relacionadas (7.6) são apresentadas separadamente. Na versão revisada, elas são combinadas em uma só.

▹ Regras governamentais

De 1981 a 2000, a Casa Branca revisou um total de 34.386 regras propostas pelos órgãos de governo. A figura 7.6 traz o número total de regras revisadas (figura superior) e o número de regras alteradas ou mantidas (figura inferior) – ao longo do tempo.

Visto que estão tão intimamente relacionadas, as duas figuras foram posteriormente combinadas em uma única. Nas duas figuras originais, os dados dos eixos horizontais estão muito distantes uns dos outros. Além disso, na figura inferior, eles caem de maneira errada entre as marcas de escala; a data "2000" cai quase fora do eixo. Além disso, as duas figuras não podem ser facilmente comparadas, porque o eixo horizontal é maior na figura superior.

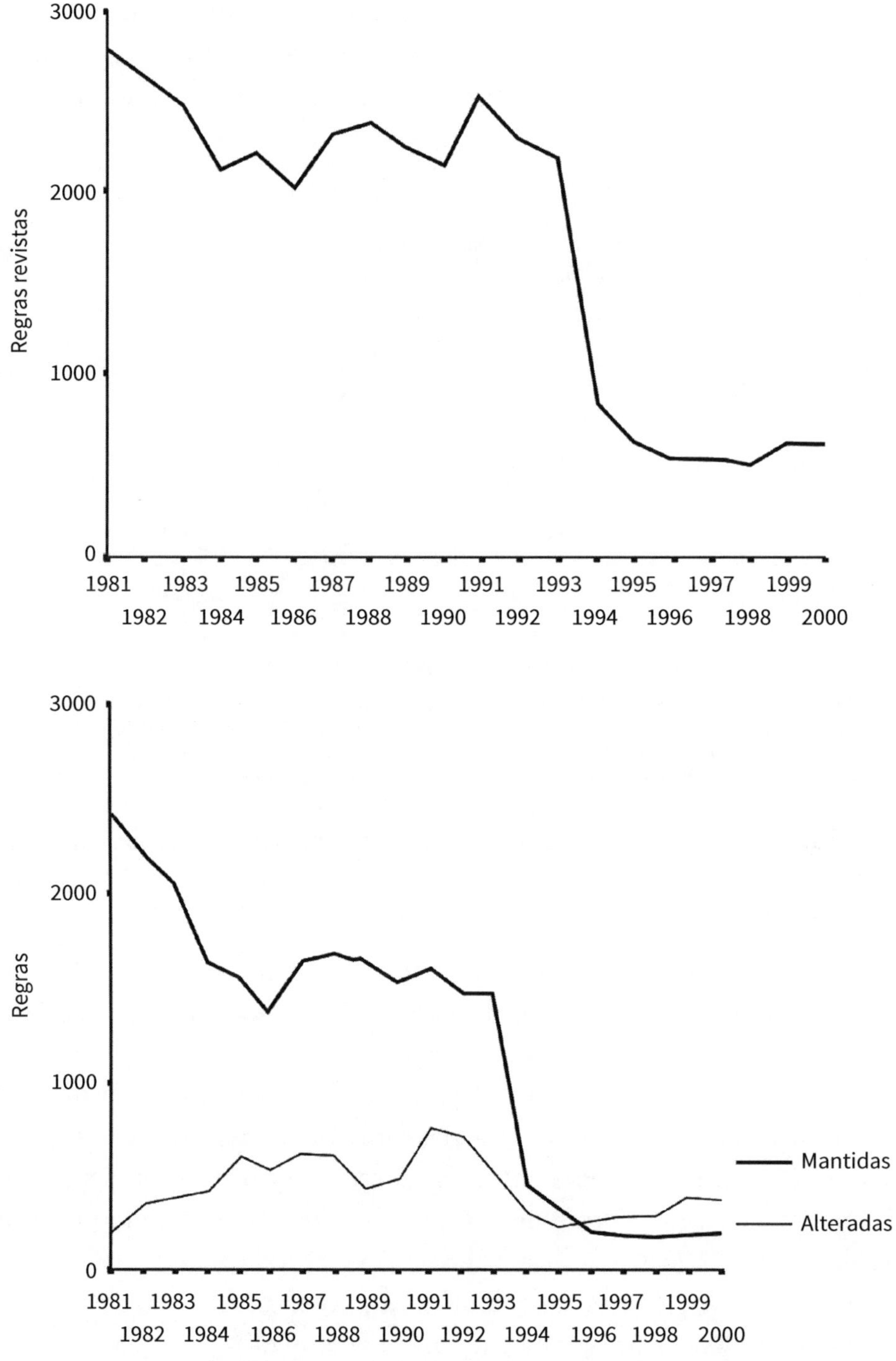

Figura 7.6 (painel superior): Número de regras revistas pela OIRA, 1981-2000. (base) Número de regras mantidas e alteradas durante o processo de revisão, 1981-2000 (reproduzido, com permissão, de *The University of Chicago of Law Review,* 2003; **70(3)**: 821-828.)

Nos eixos verticais, "regras revistas" e "regras" não são unidades de medida; "número...", sim. (OIRA significa Office of Information and Regulatory Affairs – Escritório de Informação e de Assuntos Regulatórios.)

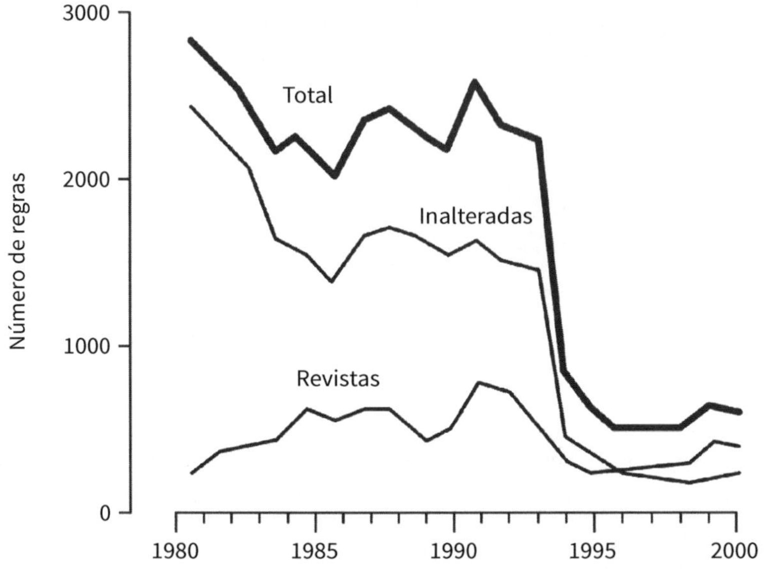

Figura 7.7: Redesenho e versão combinada dos dois gráficos originais (7.6) e legenda totalmente reescrita: **Número de regras revistas (total) e alteradas ou mantidas pela Casa Branca 1980-2000. O total declinou mais acentuadamente depois de 1993 e, a partir de 1995, as regras foram mais mudadas do que mantidas.**

No gráfico a seguir (7.8), o eixo horizontal está equivocadamente expandido.

▹ A ascensão da Europa

Hipótese: a ascensão da Europa Ocidental a partir de 1500 se deve, em grande medida, ao crescimento de países com acesso ao Oceano Atlântico. A figura 7.8 reforça a essa afirmação.

O eixo horizontal está equivocadamente expandido, porque a distância entre as primeiras marcas de escala representa cem anos cada uma, enquanto a mesma distância entre as marcas seguintes representa vinte e cinquenta anos. Esse problema só pode ser resolvido quando se altera a escala temporal (7.9).

O eixo horizontal é três vezes maior do que o eixo vertical. Essa relação entre eixos se desvia para muito além do aceitável (veja a seção "Escala 1:1", no início deste capítulo, p. 44). No gráfico redesenhado, a escala foi alterada para 1:1.

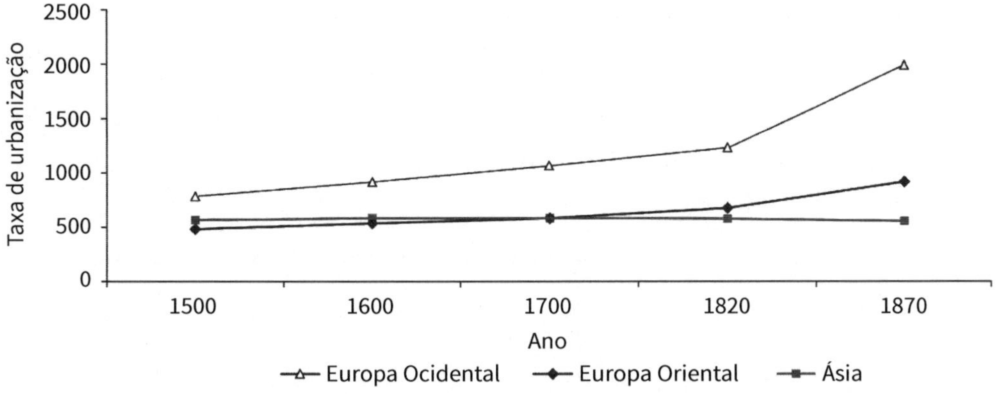

Figura 7.8: Europa Ocidental, Europa Oriental e Ásia: PIB *per capita* ponderado pela população 1500-1870 (reproduzido, com permissão, da *American Economic Review*, 2005; **96(3):** 546-579.)

Para evitar atravancar a figura com marcadores de identificação, pelo menos a curva da Ásia precisa ser classificada duas vezes, para ser reconhecível antes e depois de se cruzar com a curva da Europa Oriental.

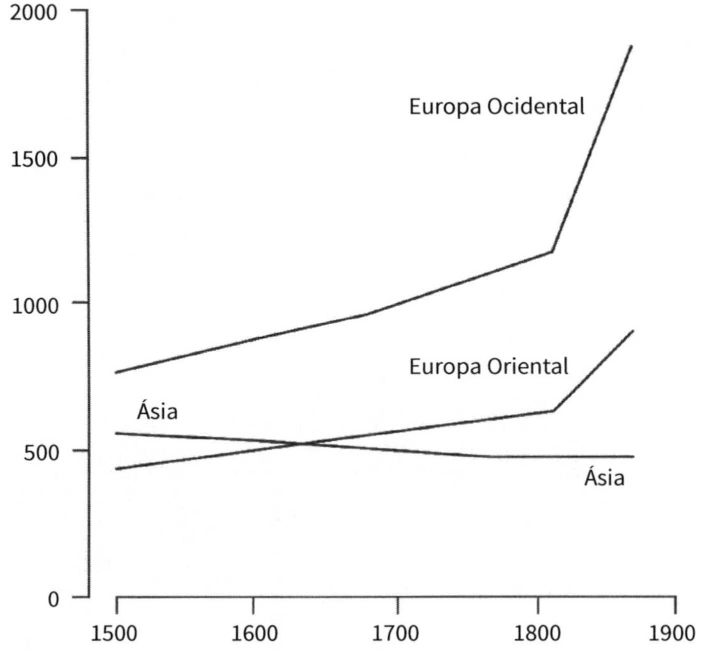

Figura 7.9: Versão redesenhada do gráfico original (7.8) com a legenda original substituída pela mensagem principal:
PIB *per capita*, ponderado pela população, com crescimento significativamente mais rápido na Europa Ocidental, em comparação com a Europa Oriental. A Ásia permanece com baixo crescimento.

As próximas curvas (7.10) sobrepõem os dados do eixo horizontal.

▹ A Suíça e seus cantões

Em um estudo sobre a economia da Suíça e seus 26 cantões, os autores começaram o artigo mostrando um gráfico descritivo baseado em dados de valores máximo, mínimo e médio das taxas de crescimento anual nos cantões no período 1981-2001.

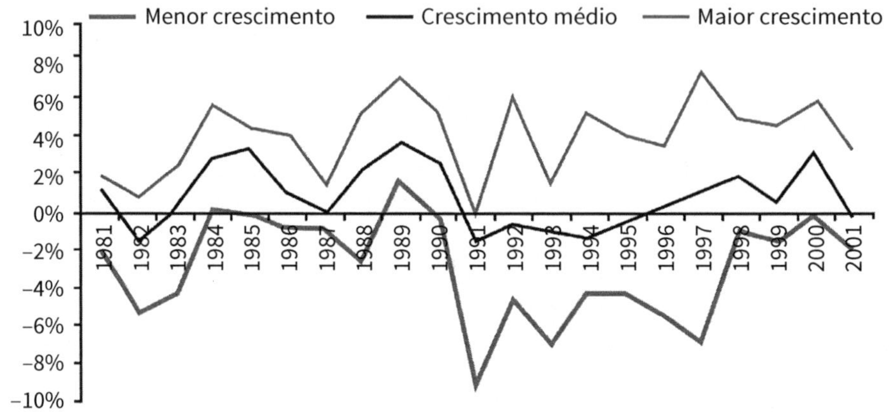

Figura 7.10: Diferenças de crescimento econômico nos cantões suíços, 1981-2001 (reproduzido, com permissão, de Schaltegger e Torgler, *Applied Economics*, 2006).

As curvas obscurecem a cadeia de datas. No gráfico redesenhado (7.11), um eixo horizontal é situado imediatamente abaixo do nível -10. As datas estão em menor quantidade e podem agora aparecer horizontalmente. A linha zero permanece. Os eixos estão separados.

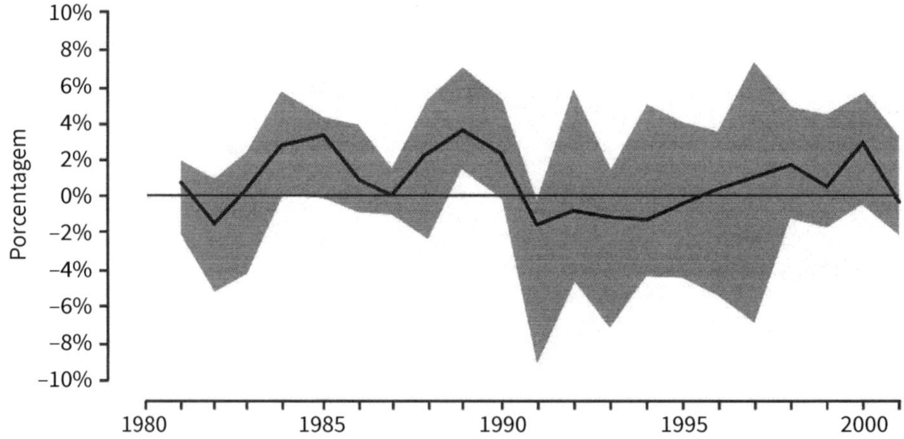

Figura 7.11: Versão redesenhada do gráfico original (7.1) e uma descrição acrescentada à legenda, para dizer como o novo desenho deve ser interpretado:
Diferenças de crescimento econômico nos cantões suíços, 1981-2001, **com a área cinza indicando os valores máximo e mínimo de crescimento; a linha horizontal registra o crescimento médio**.

Se duas escalas de um gráfico (7.12) são realmente as mesmas, apenas com gradações mínimas, combine-as depois de adaptá-las.

▹ Trabalho infantil

Em um estudo sobre trabalho infantil, os autores verificaram: o trabalho infantil declinou quando a escolarização universal no Reino Unido teve início.

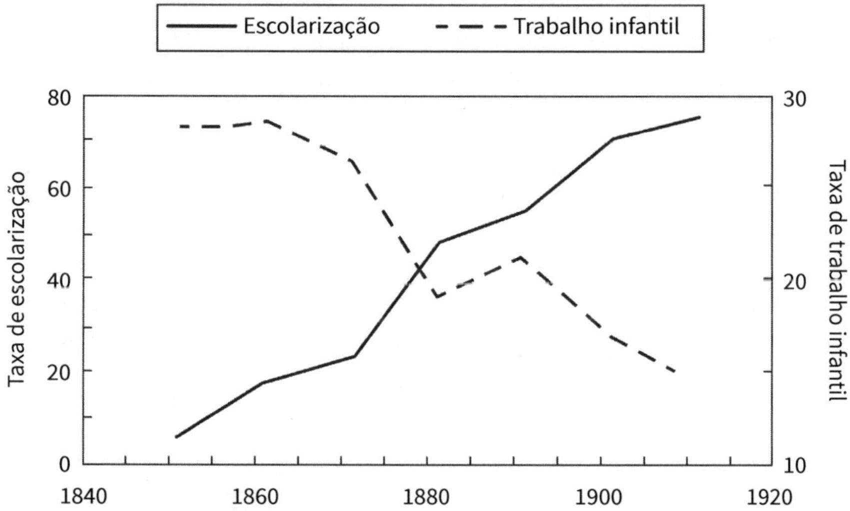

Figura 7.12: Taxas de escolarização (percentual de crianças entre 5-14 anos na escola) e taxas de trabalho infantil (percentual de crianças economicamente ativas entre 10-14 anos) no Reino Unido (reproduzido, com permissão, de *American Economic Review*, 2005; **95(5):** 149-524).

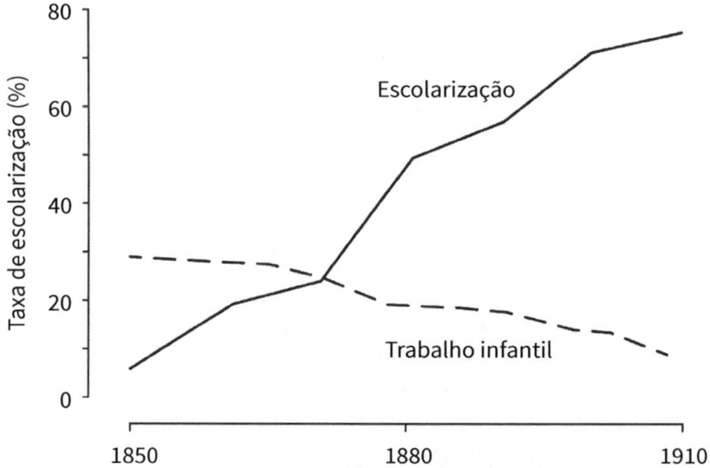

Figura 7.13: Redesenho do gráfico original (7.12), com toda a legenda substituída pela mensagem principal: **No Reino Unido, o incremento do número de crianças na escola resultou numa diminuição de pelo menos metade da mão de obra infantil.**

As curvas na figura 7.12 criam uma espécie de X quando se cruzam, como sugerindo que o crescimento de uma curva se iguala ao declínio de outra. Os autores chegaram a esse efeito impressionante usando duas diferentes escalas de gradação: para a escolarização, a escola vai de 0 a 80%; para o trabalho infantil, de 10 a 30%. O gráfico redesenhado (7.13), na página anterior, usa a mesma escala.

Um gráfico (7.14) incluindo duas séries desvinculadas mediante duas escalas separadas e desconectadas pode ser difícil de ler na impressão em preto e branco usada na maioria das figuras publicadas em revistas científicas, como vemos no caso a seguir. (Contudo, em cores, uma curva e sua escala, incluindo o texto, pode ser em vermelho, a outra, em azul.)

▹ Divórcio e falência

Um autor estudou o efeito da taxa de divórcio nas cada vez mais frequentes declarações de falência nos Estados Unidos da América durante as últimas duas décadas do século XX. Ele não encontrou relação alguma.

Figura 7.14: Divórcio e falência (reproduzido, com permissão, da *Northwestern University Review*, 2005; **99(4)**: 1463-1464.)

A figura contém duas curvas com dados desconectados que têm uma escala à esquerda e outra à direita. Dividi a figura em dois painéis (7.15). As datas angulares no eixo horizontal da figura original estão reduzidos; o espaço deixado à esquerda permite que eles sejam escritos horizontalmente.

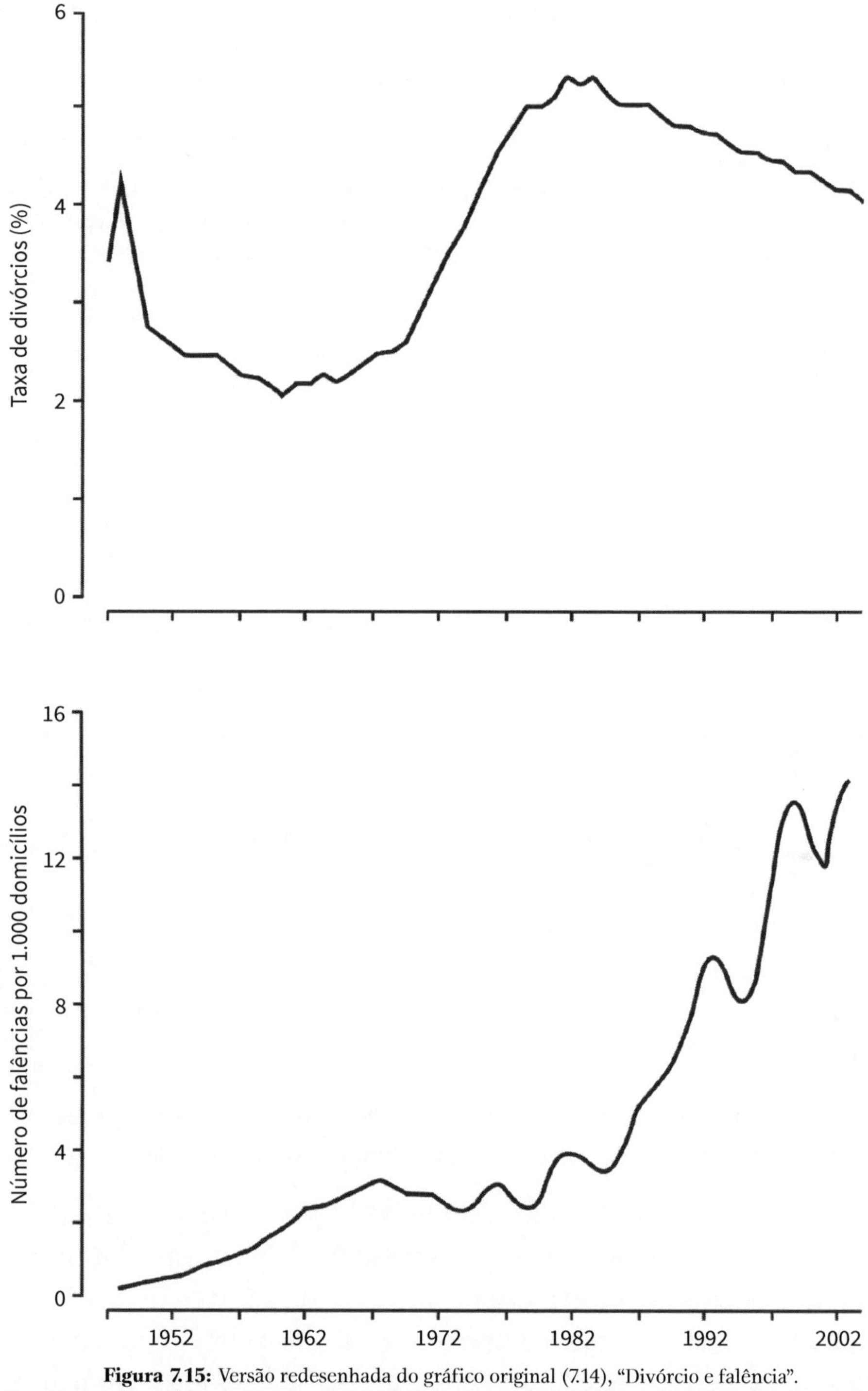

Figura 7.15: Versão redesenhada do gráfico original (7.14), "Divórcio e falência".
Durante as duas últimas décadas do século XX, a taxa de divórcios caiu 25% (painel superior), enquanto as declarações de falência aumentaram quase 6 vezes (painel inferior).

A seguir, uma figura basicamente correta (7.16).

▹ Custo por milha (1,6km) percorrida

Depois da genial aplicação de Henry Ford do esquema de linhas de montagem à fabricação de automóveis (modelo T), que possibilitou a drástica diminuição dos preços dos veículos, os custos de transporte rodoviário despencaram nos Estados Unidos.

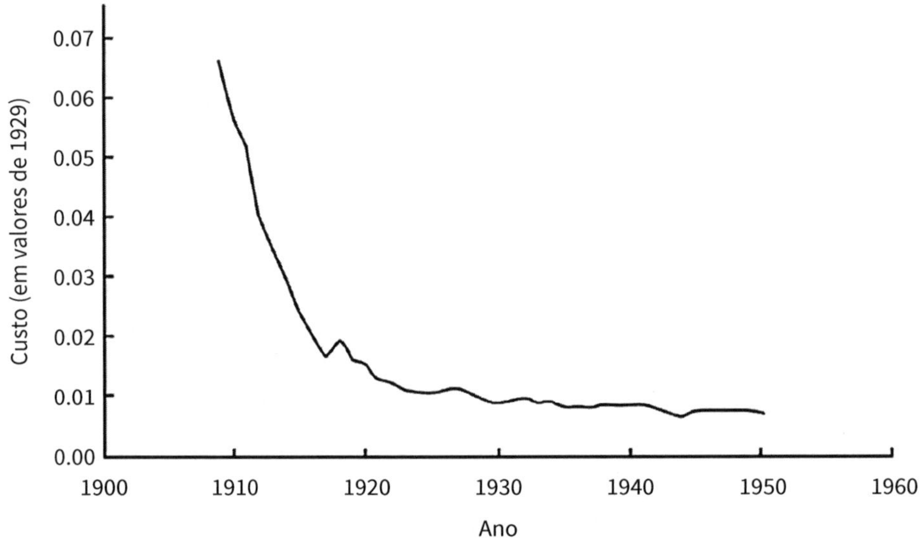

Figura 7.16: Custo médio estimado (em US$) de uma milha (1,6km) percorrida (valores de 1929) (reproduzido, com permissão, de Yorukuglu, *American Economic Review*, 2002).

Essa é uma figura especialmente adequada: limpa, sem marcadores, sem grades nem quadro; embora os eixos estejam colados. O “de carro nos Estados Unidos” que está faltando é acrescentado ao título da legenda reescrita, junto com a mensagem principal:

> **Custo médio estimado (em US$) de uma milha (1,6km) percorrida de carro nos Estados Unidos (a preços de 1929) caiu drasticamente 1910-1920.**

A seguir, outro gráfico de linha simples (7.17), publicado em 1982, antes do surgimento dos programas de computador. Nesse gráfico, os números *exatos* (não apenas a tendência) de tiros letais disparados pela polícia em civis foram dados ano a ano. O desenho do gráfico combina a virtude da tabela (ao dar os valores exatos) com a do gráfico (ao apresentar instantaneamente a tendência).

▹ Tiros letais disparados pela polícia contra civis

1977 foi o primeiro ano em que, nos Estados Unidos, a força policial de uma metrópole permitiu que seus arquivos de investigação sobre tiros disparados fossem abertos ao público. O número de tiros disparados pela polícia contra civis em Chicago durante 1974-1980 está na figura 7.17.

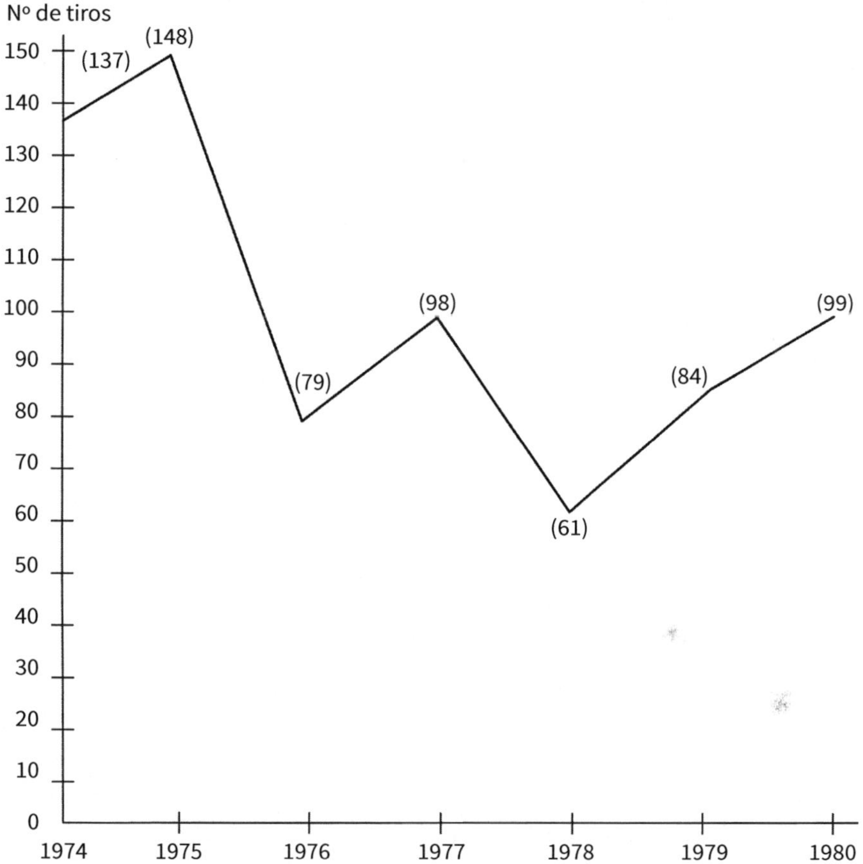

Figura 7.17: Civis alvejados pela polícia de Chicago, 1974-1980
(reproduzido, com permissão, de Geller e Karales, *The Journal of Criminal Law & Criminology*, 1982).

O gráfico acima, anterior à introdução dos programas de computação gráfica, provavelmente foi desenhado com caneta e régua, com dispensa dos detalhes supérfluos. Os gráficos feitos com computador de hoje geralmente ficam sobrecarregados, como na figura 7.1 do começo deste capítulo. A seguir, a mensagem.

A redução geral foi de 26%, com um ponto de báscula durante o estudo.

A seguir (7.18), temos outra boa apresentação. Cada curva aparece em seu próprio painel.

▹ Importação de vestuário pelos Estados Unidos

Transportar mercadorias custa tempo e dinheiro. Em 2005, os autores se indagaram: a importação de vestuário pelos Estados Unidos mudou para produtos dos países vizinhos? As conclusões dos autores estão registradas na figura 7.18.

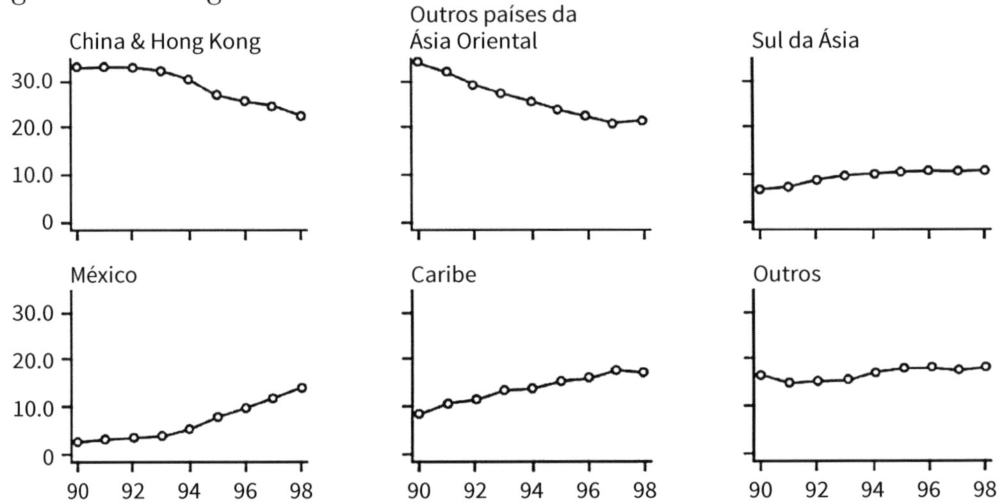

Figura 7.18: Cotas de mercado para a importação de vestuário pelos Estados Unidos, 1990-1998 (reproduzido, com permissão, de Evans e Harrigan, *American Economic Review*, 2005).

No lugar de seis curvas amontoadas em um único gráfico, os autores deram a cada curva um painel próprio. As curvas são facilmente comparáveis porque os painéis estão desenhados exatamente no mesmo formato. Sugiro a seguinte mensagem como acréscimo à legenda.

> **Dramática mudança na importação de vestuário pelos Estados Unidos, com México e Caribe ganhando espaço da Ásia.**

A seguir (7.19), uma apresentação com uma mensagem na legenda da figura.

▹ Aumento das empresas da NASDAQ

A figura 7.19 mostra que a participação das empresas da NASDAQ na capitalização total do mercado aumentou significativamente com um maior volume de comércio durante o período estudado. (A NASDAQ é uma das bolsas de valores americanas com maior volume comercial, na época, do que qualquer outra bolsa de valores eletrônica no mundo.)

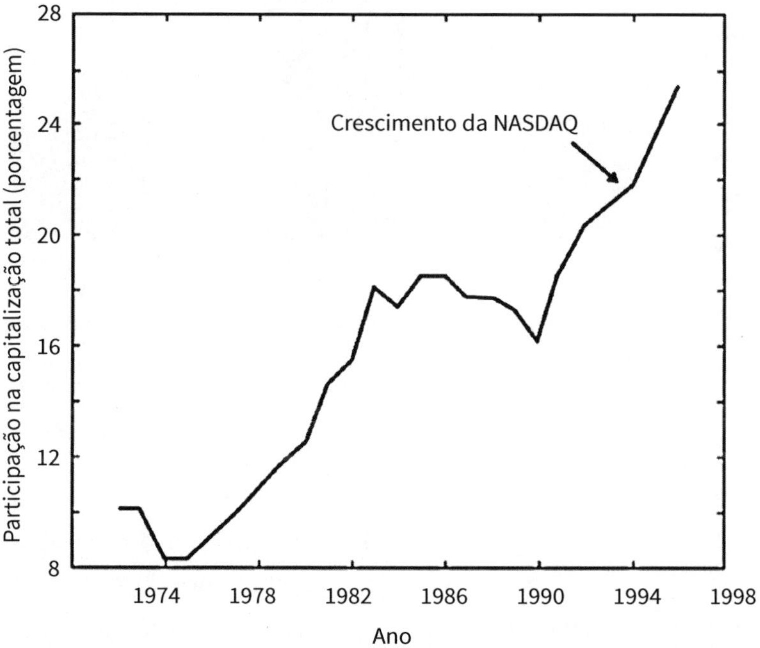

Figura 7.19: Crescimento das empresas da NASDAQ (reproduzido, com permissão, de Greenwood e Jovanovic, *American Economic Review*, 1999). Um exemplo.

Este é um caso raro de legenda já com mensagem, que é "o crescimento das empresas da NASDAQ".

Gráfico de barras

O gráfico de barras (gráfico de colunas), a segunda forma de ilustração mais usada em artigos de pesquisa, geralmente pode ser mais bem expresso como tabela. Dito isto, vamos examinar seu uso. A seguir, um exemplo de um erro que se vê quase sempre: o eixo cortado.

▹ Ideologia de juízes

Com que frequência um tribunal norte-americano de instância superior reverte uma decisão judicial tomada por juízes de primeira instância com a ideologia dos juízes entrando em questão? O autor descobriu o seguinte:

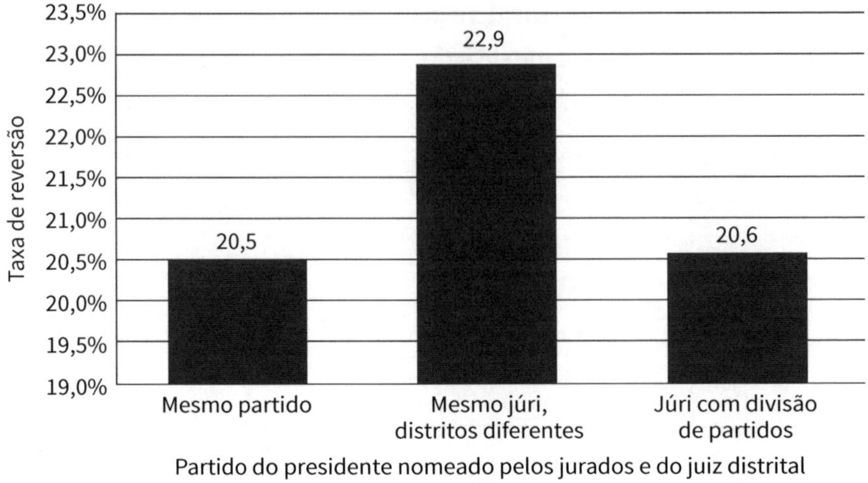

Figura 7.20: Taxa de reversão por indicação do partido do presidente do júri, dos membros do júri e do juiz distrital (reproduzido, com permissão, da Northwestern University Law Review, 2011; **105(1)**: 1-60).

Com essa figura, o autor parece estar tentando nos enganar. O tamanho da barra do meio parece ser o dobro das outras duas, não obstante a diferença fosse de apenas cerca de 10%. O autor promoveu esse engano ao retratar apenas a parte superior das barras (portanto, a linha inferior não é zero). No gráfico redesenhado, 7.21, as barras são mostradas em toda a sua extensão. E também vêm num tom cinza mais confortável para o olho do que se tivessem sido impressas em preto 100%.

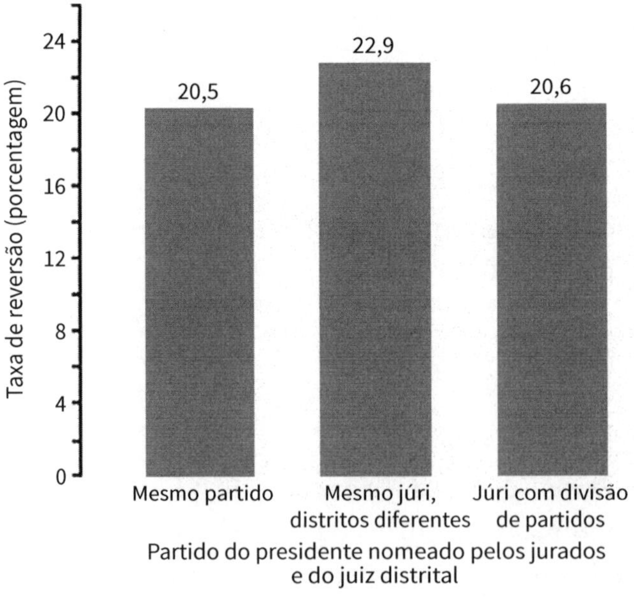

Figura 7.21: Versão redesenhada do gráfico original (7.20). Taxa de reversão por indicação do partido do presidente do júri e do juiz distrital. **O juiz estudado estava aproximadamente 11% [P < ?] mais inclinado a reverter a sentença do juiz distrital se estivesse deliberando com juízes do mesmo partido político, desde que eles pertencessem a partido diferente do partido do juiz distrital.**

Do ponto de vista estatístico, provavelmente a porcentagem (11%) é altamente significativa, visto que foram estudadas 30.726 sentenças judiciais. Mas não temos certeza disso porque o número de decisões de cada grupo não está na tabela, nem no corpo do artigo. Se esse número estivesse disponível, uma apresentação no formato de tabela teria sido preferível, na qual se pudessem incluir porcentagens com valores de *P*, ou, melhor ainda, com intervalos de confiança. A apresentação também poderia ter sido feita por extenso.

As barras são supérfluas? Veja isto:

▹ O aninhamento de uma espécie de pato

Os autores estudaram, entre outras coisas, o aninhamento do maior pato-marinho no Delta do Yukon-Kuskokwim, no Alasca.O que eles descobriram está a seguir.

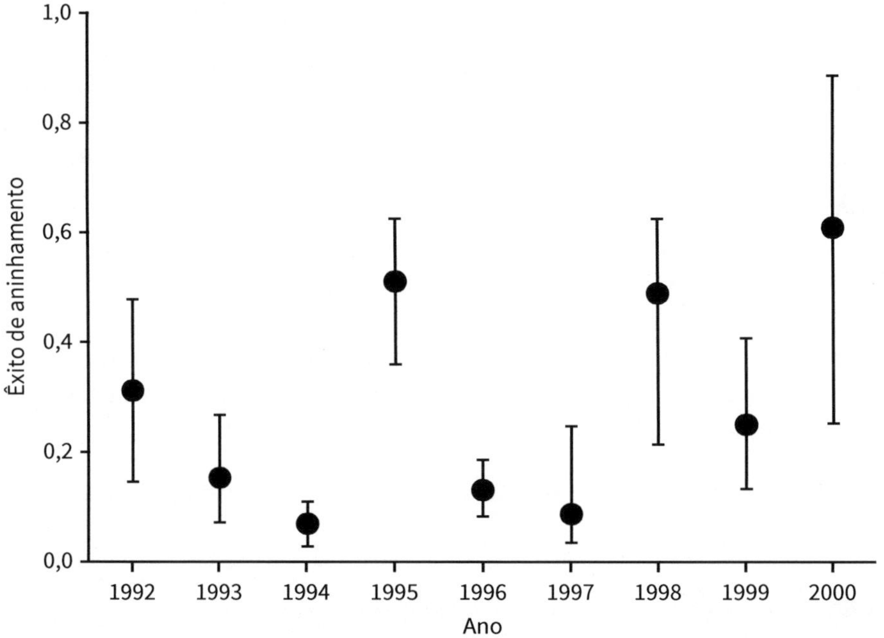

Figura 7.22: Estimativa de êxito de aninhamento do maior pato-marinho no Delta Yukon-Kuskokwim, Alaska, 1992-2000 (reproduzido, com permissão, de Flint *et al.*, *Wildlife Monographs*, 2006).

Em lugar de usar gráficos de barra para indicar os valores médios, os autores usaram símbolos marcadores (•). Agora, vamos tentar fazê-lo com barras.

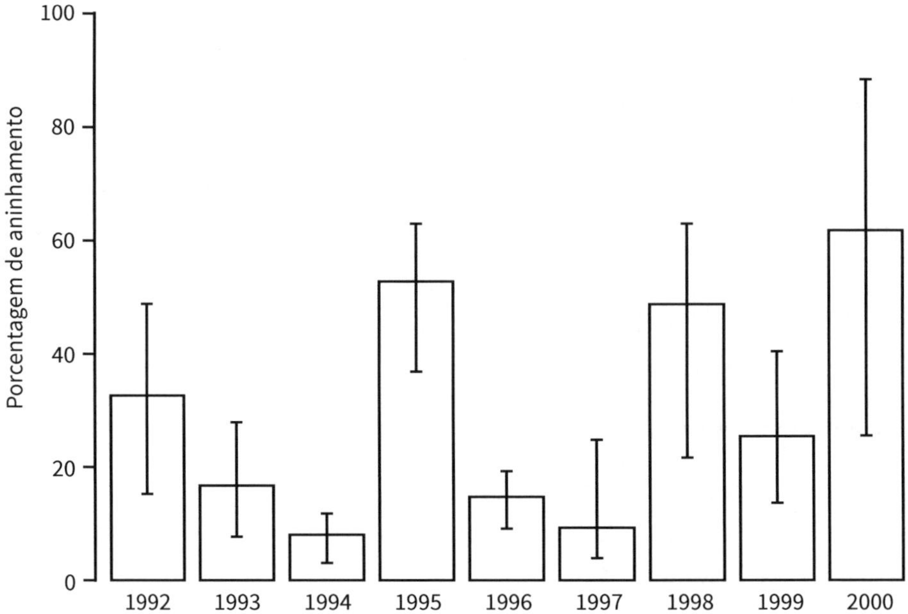

Figura 7.23: Exibição alternativa do gráfico original (7.22).

Puristas (eu sou um deles) vão dizer que as barras são supérfluas em casos como esse (7.23). Mas os leitores as entenderão facilmente. Além disso, um gráfico de barras poderia fazer as medianas ou médias se destacarem. Portanto, escolha a alternativa que você pessoalmente considere dará o melhor resultado.

A seguir, a mensagem principal com um comentário:

> **O sucesso de aninhamento do maior pato-marinho variou muito no decorrer do tempo, indo de 7 a 61%; a maior parte dessa variação provavelmente resultou das diferenças das taxas de predação.**

Depois desse desvio para um leiaute alternativo, retornemos aos gráficos de barra originais.

▹ Roedores vivendo às margens de estradas

Estradas podem afetar a fauna. Os autores estudaram o efeito das estradas sobre duas amostras de roedores ameaçados em uma ilha do Mar do Caribe. Eles escolheram um hábitat atravessado por duas estradas. A área sob investigação estava dividida em três parcelas de amostragem, sendo: (1) *canto*, localizado na junção da estrada delimitada por estradas em ambos os lados; (2) *margem isolada*, com estrada apenas de um lado; (3) *interior*, sem estradas adjacentes. Resultados parciais dos estudos de uma das duas espécies de roedores estão na figura 7.24.

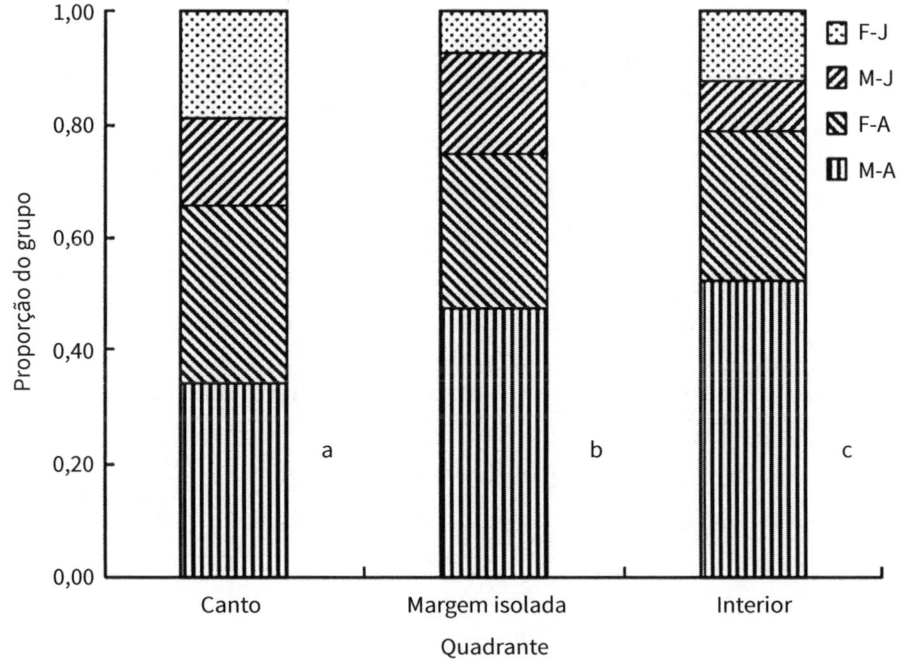

Figura 7.24: Faixa etária e proporção sexual do *Oryzomys couesi cozumelase* [. . .]. F-J, fêmeas jovens; M-J, machos jovens; F-A, fêmeas adultas; M-A, machos adultos. Letras diferentes indicam diferenças significativas entre quadrantes (reproduzido, com permissão, de *Journal of Animal Ecology*, 2009; **78:** 857-865).

Os segmentos das barras desta figura têm um tom cinza quase uniforme e não são facilmente distinguíveis. No gráfico redesenhado, esses problemas são resolvidos pelo tom mais escuro do segmento situado no ponto mais baixo e depois com o uso de tons menos escuros (hachureados ou pontilhados) para os outros segmentos, caminhando para o branco. O segmento mais escuro se situa na base, porque a posição mais alta daria a impressão de a coluna estar desequilibrada. Perceba também que as barras são mais largas que o espaço entre elas. As abreviaturas na chave estão escritas por extenso, assim como os valores de *P*.

A análise incluiu 234 indivíduos, mas o artigo não explicita o critério de divisão de cada um dos três lugares de amostra. Sendo assim, temos de aceitar como seguros esses valores de *P*.

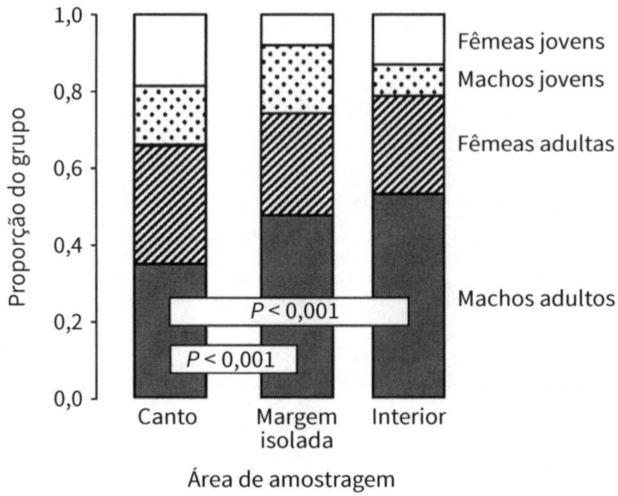

Figura 7.25: Exposição alternativa do gráfico original (7.24).

Contudo, os únicos valores perfeitamente legíveis numa barra subdividida são os segmentos com uma linha de fundo fixa, ou seja, as de tom mais escuro (e, nesse caso, talvez também os segmentos com uma linha superior fixa, ou seja, as brancas). Vamos, então, dar a todas as barras uma linha de fundo fixa.

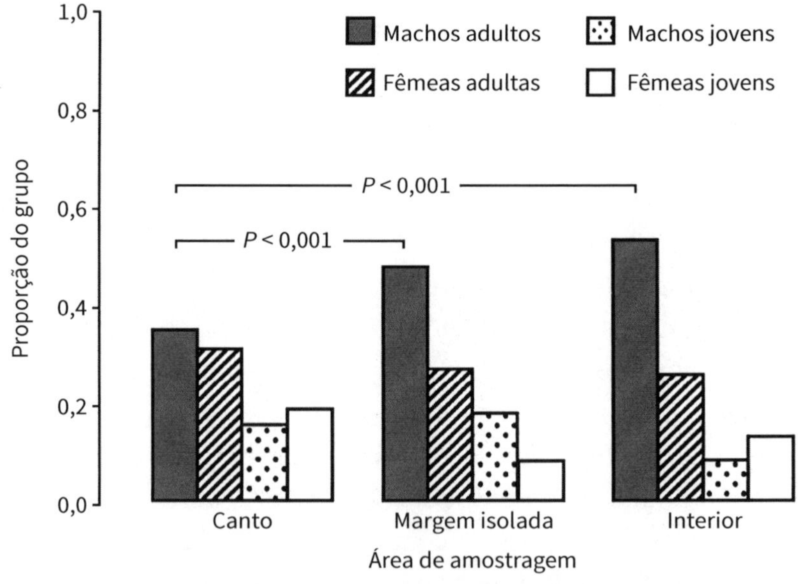

Figura 7.26: Outra exibição alternativa do gráfico original (7.24) com a legenda original transformada na mensagem:
Entre as espécies *Oryxzomys couesi cozumelae*, os machos adultos eram significativamente mais numerosos nos quadrantes margem isolada e interior.

Esse tipo de ilustração é chamado de *gráfico de colunas agrupadas*; esse gráfico propriamente tem quatro categorias em cada grupo. Embora seja mais fácil de ler, os puristas certamente prefeririam ter não mais que duas ou três categorias em cada grupo, como no exemplo a seguir.

▹ Tratamento de mulheres

As chances de sobrevivência em hospital para mulheres que sofreram infarto agudo do miocárdio eram menores quando comparadas às dos homens, provavelmente porque as mulheres não receberam o mesmo tratamento que eles.

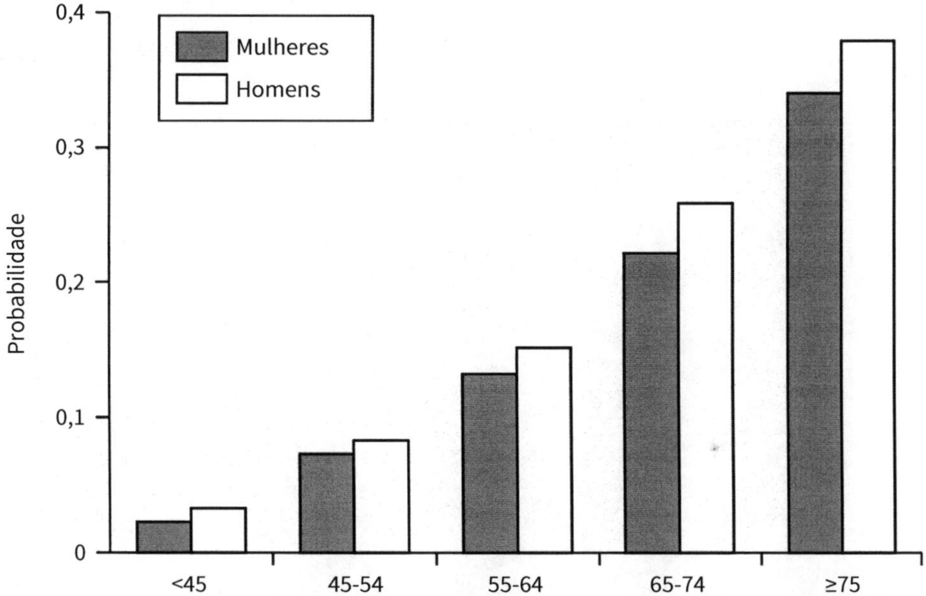

Figura 7.27: Risco de vida em unidade coronariana pós-internação com diagnóstico inicial de infarto do miocárdio (adaptado, com permissão, de Clarke et al., *British Medical Journal*, 1994).

A chave separada nesse gráfico poderia ser removida para classificar diretamente o primeiro grupo, por exemplo:

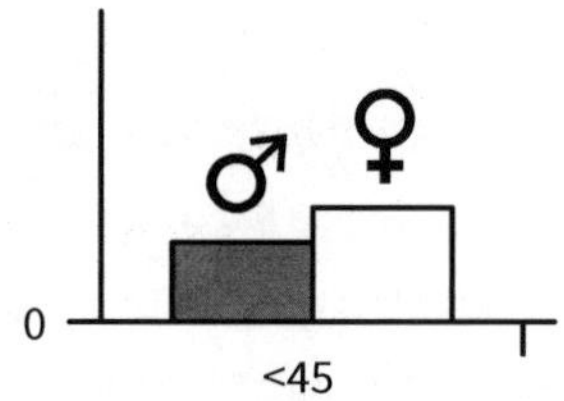

A legenda inteira poderia ser transformada numa mensagem:

Morreram muito mais mulheres internadas em consequência de infarto agudo do miocárdio do que homens internados pelo mesmo motivo.

Um problema com o uso de barras em colunas (7.28) é que o espaço restrito de uma coluna de revista em papel (cerca de 8cm) só possibilita a inclusão de poucos itens num gráfico de colunas.

▹ Ruptura traumática do diafragma

A ruptura do diafragma provocada por um trauma brusco originado, por exemplo, por um acidente de carro, estava associado a múltiplas lesões, como a seguir:

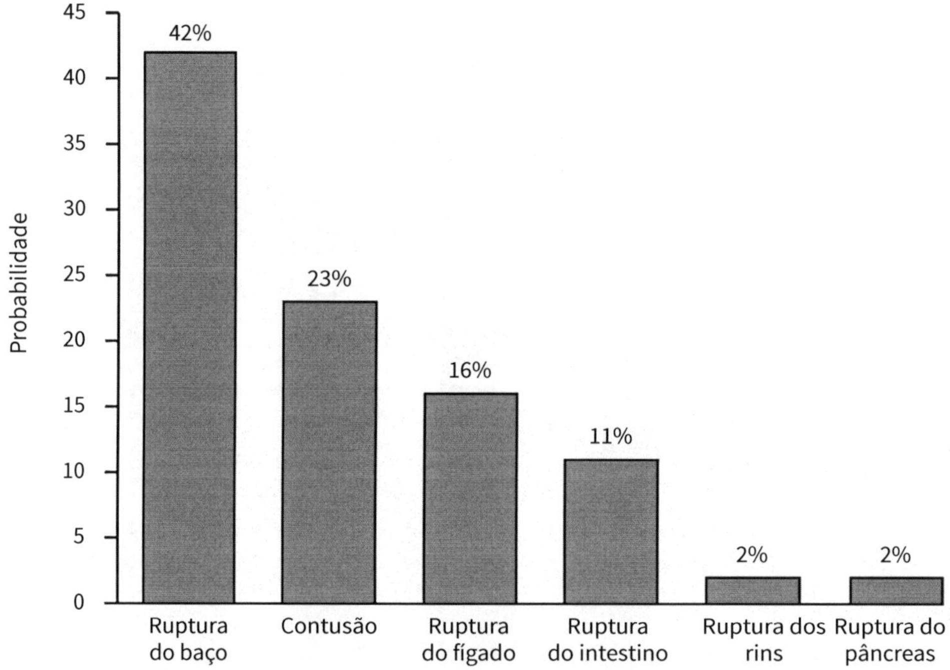

Figura 7.28: Lesões intra-abdominais associadas a ruptura traumática do diafragma (reproduzido, com permissão, de Sarna e Kivioja, *Annales Chirurgiae et Gynecologiae*, 1995).

Este gráfico (7.28) beira a superlotação; abaixo das duas colunas da extrema direita, os dois textos separados estão quase colidindo; *ruptura dos ruptura...* Um problema assim pode ser superado ou com o aumento do espaço entre as colunas, se possível, ou com o uso de barras horizontalmente orientadas (7.29).

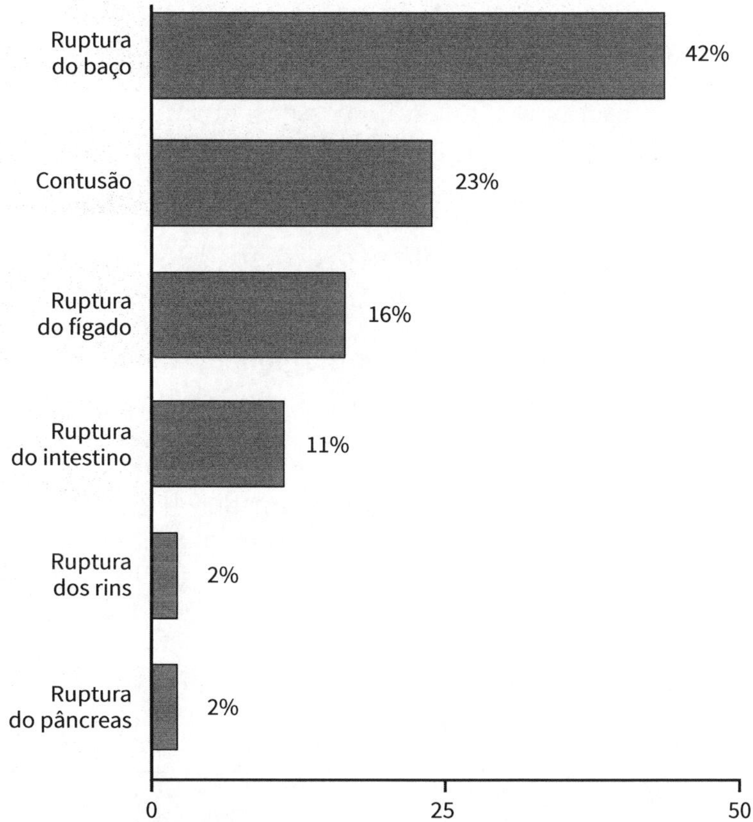

Figura 7.29: Exibição alternativa do gráfico original (7.28).

Para entender por que o gráfico a seguir (7.30) não está cumprindo sua função de gráfico, preciso descrever mais detidamente a pesquisa por trás dele.

▹ O anticânon

No decorrer do tempo, umas poucas sentenças exaradas pela Suprema Corte norte-americana foram questionadas. Quando a corte se refere a essas sentenças (como um argumento em um julgamento que esteja sendo feito), primeiro o faz positivamente. Mas na medida em que o tempo passa e a opinião pública muda, algo que pode levar décadas, as citações vão se tornando cada vez mais frequentemente negativas. Esses são os casos chamados de o anticânon, ou seja, o antiprecedente jurídico. O autor decidiu estudar quatro casos tidos como fortes candidatos ao anticânon. Os casos recebem os nomes dos impetrantes seguidos, entre parênteses, dos anos em que as decisões da Suprema Corte foram lavradas. Os quatro casos estudados são:

Dred Scott (1856): escravos não eram pessoas, mas propriedades, uma sentença que pode ter contribuído para a eclosão da Guerra Civil Americana.

Plessy (1896): os negros não tinham o direito de se sentar perto de quaisquer pessoas.

Lochner (1905): nenhuma Lei do Trabalho poderia aumentar a jornada diária, porque o direito de comprar e vender mão de obra é uma liberdade fundamental.

Korematsu (1944): os nipo-americanos tinham de obedecer à ordem de guerra de abandonarem suas casas e irem viver em um campo de concentração.

O autor examinou os protocolos para ver a frequência e o momento em que esses quatro casos eram citados positiva ou negativamente. O que ele descobriu está na figura 7.30.

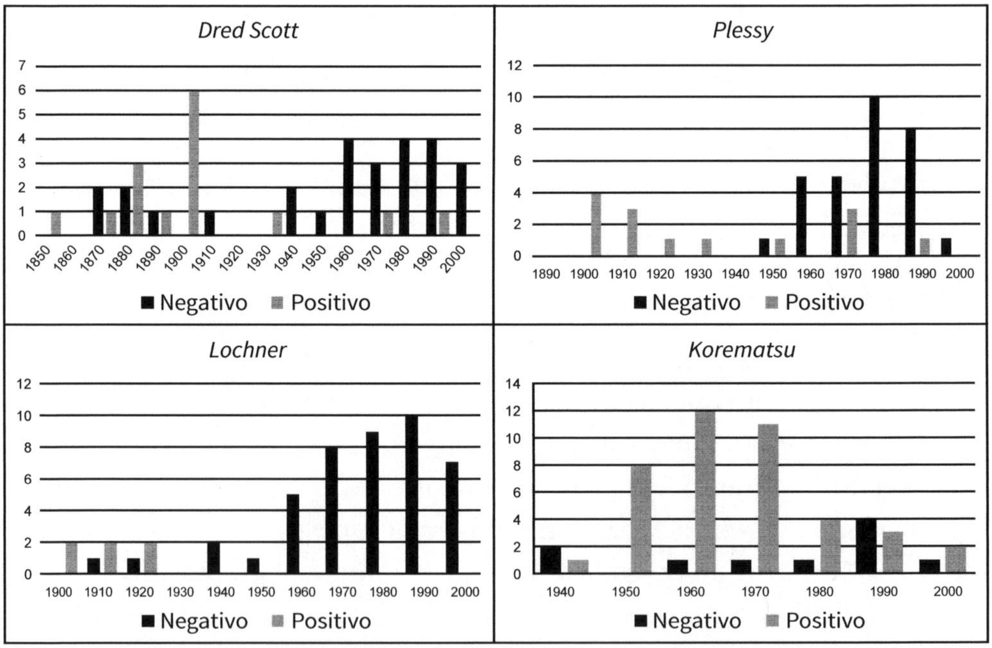

Figura 7.30: Citações positivas X citações negativas à Suprema Corte americana – fortes candidatas (reproduzido, com permissão, de Greene, *Harvard Law Review*, 2011).

Os painéis deste gráfico são incomparáveis. Os números no eixo vertical de um painel vão de 0 a 7, em outro, de 0 a 14. As datas do eixo horizontal de um painel vão dos anos 1850 aos anos 2000, dos anos 1940 aos anos 2000. À exceção dos nomes dos candidatos, o texto é pequeno demais, é ilegível. Redesenhar o gráfico foi extremamente difícil, porque supunha tornar os painéis não apenas comparáveis, mas também legíveis. A figura 7.31 é o registro de minha tentativa. Os painéis estão desenhados no mesmo formato; os dados foram reduzidos ao mínimo.

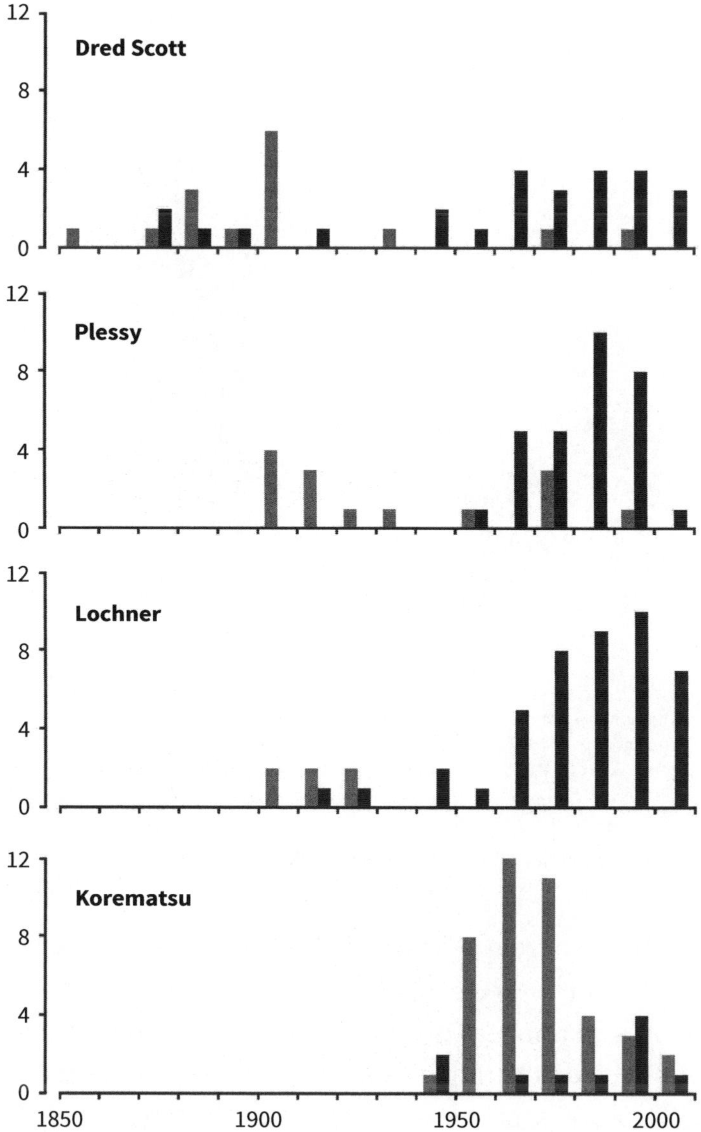

Figura 7.31: Versão redesenhada do gráfico original (7.30), com a legenda inteiramente reescrita, incluindo a seguinte mensagem: **Números das citações positivas (colunas cinza) *vs.* citações negativas (colunas pretas) da Suprema Corte americana, por décadas, aos quatro casos aparentemente fortes candidatos ao anticânon. A partir dos anos 1960, Dred Scott, Plessy e Lochner passaram a ser citados muito mais negativa que positivamente; a partir dos anos 1950, o oposto passou a ser verdade no que diz respeito a Korematsu.**

No exemplo a seguir (7.32), a mensagem principal já aparece na legenda original. O estudo é uma espécie de revisão, não exatamente um esforço de pesquisa.

▹ A condição do oceano

Os autores pretendiam fazer uma revisão dos estudos sobre os ecossistemas oceânicos e, portanto, fizeram uma pesquisa sobre a literatura nesse campo. Os resultados são os que estão na figura 7.32.

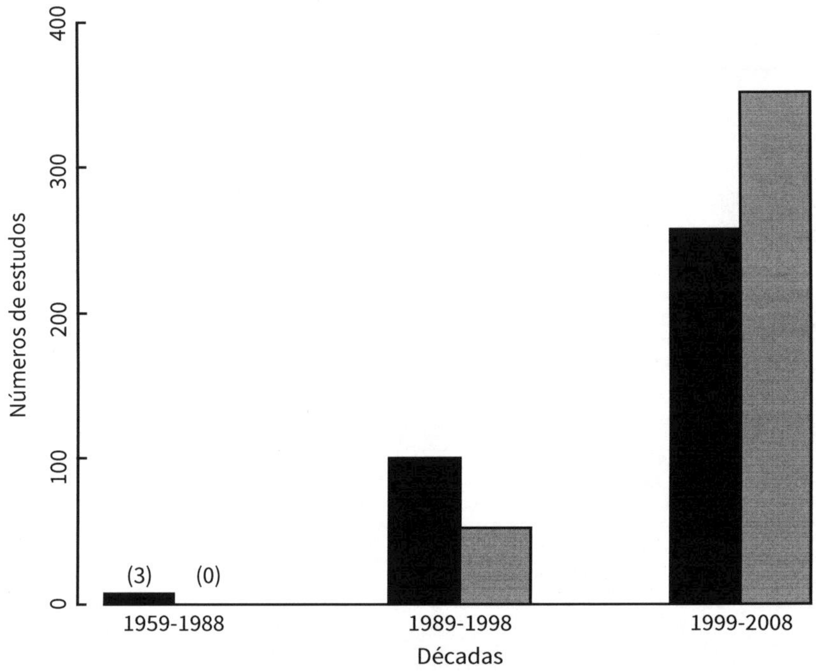

Figura 7.32: Quantidade dos estudos que examinam o controle de baixo para cima (barras pretas) ou o controle de cima para baixo (barras cinzas) no oceano [...]. O número dos estudos de cima para baixo aumentou sete vezes (durante as duas últimas décadas pesquisadas), quase três vezes tão rápido quanto os estudos focados no controle de baixo para cima no oceano (reproduzido, com permissão, de Baum e Worm, *Journal of Animal Ecology*, 2009).

O bom dessa apresentação é que a mensagem principal foi dada na legenda original, logo depois do título.

A seguir, alguns comentários sobre o restante da apresentação. O número de estudos encontrados no primeiro período (1959-1988) está registrado no gráfico. Para ser consistente, o número dos estudos encontrados durante os outros dois períodos também precisa ser dado. Porém, em momento algum do artigo esses números aparecem. Na figura redesenhada, esses números desconhecidos seriam indicados entre parênteses acima das barras. Marcas de tique do eixo vertical estão escritas na horizontal – como de praxe. Embora as barras sejam explicadas na legenda, a gravura é mais fácil de ser lida com as barras explicadas, em vez de elas virem em uma chave situada dentro da figura, como mostrado na versão redesenhada.

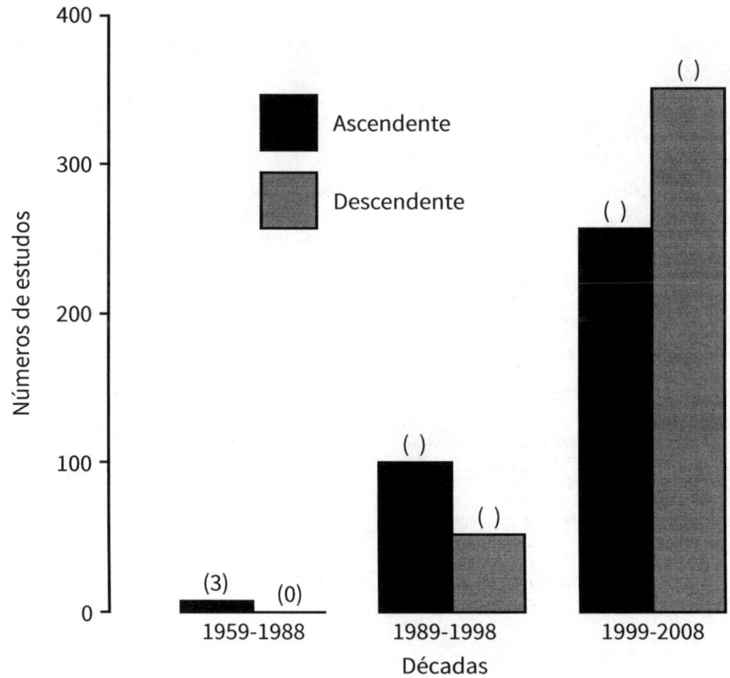

Figura 7.33: Versão redesenhada do gráfico original (7.32). A mensagem principal já fora dada na legenda original.

Mesmo assim, o gráfico refeito ainda traz incorreções. O período estudado primeiramente representa três décadas, ao passo que os outros dois períodos representam uma década cada.

A seguir (7.34), um raro caso de legenda que em uma única frase conta a história toda.

▹ Guerras globais

O autor examinou a duração das guerras durante seiscentos anos, do inicío do século XV em diante, incluindo o século XX. As guerras mais longas ocorreram no século XVII.

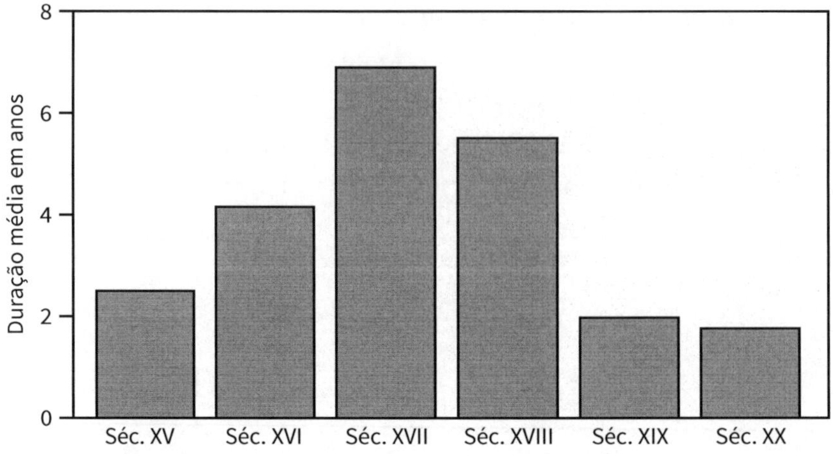

Figura 7.34: Duração média dos conflitos por século, com a demonstração de que "as guerras mais longas" ocorreram mais no século XVII do que em qualquer outra época nos últimos seiscentos anos. De Brecke, "Violent Conflicts", figura 11 (reproduzido, com permissão, de Parker, *American Historical Review*, 2008).

Esta é uma excelente legenda. A própria figura é sedutoramente simples. Quais são os valores por trás das colunas? O artigo a partir do qual essa figura aqui foi redesenhada trazia outra figura com base na qual o *número* de guerras poderia ser adicionado (Brecke, 1999, conferência de apresentação). Surpreendentemente, o século em torno do ano 1700 vivia *o mais baixo* número de guerras.

Uma figura que omite informação significativa pode ser muito bem usada numa apresentação oral na qual a figura possa ser explicada, mas não em um artigo.

Gráfico de área

São dois os principais tipos de gráficos de área: a variante empilhada (também chamada de gráfico de banda) e o gráfico de área agrupado, variante muito menos frequentemente usada. Esses dois gráficos são facilmente confundidos. Quando formos discutir essa questão, me concentrarei apenas em como esses dois tipos podem ser diferenciados.

Gráfico de banda

O propósito de um gráfico de banda é comparar a tendência do conjunto (a linha superior) e seus componentes (as larguras de banda). Padrões distintos de retículas (ou cores) enfatizam a diferença entre bandas. Esse tipo de gráfico se tornou muito comum no campo da energia, provavelmente por sua capacidade de abrigar muita informação em um só gráfico.

▹ Fornecedores de energia

Os autores têm à disposição vários modelos para estudar a energia global e para calcular como esses modelos podem afetar a concentração de gases do efeito estufa. Alguns resultados (a respeito dos fornecedores de energia) de um desses modelos está na figura 7.35.

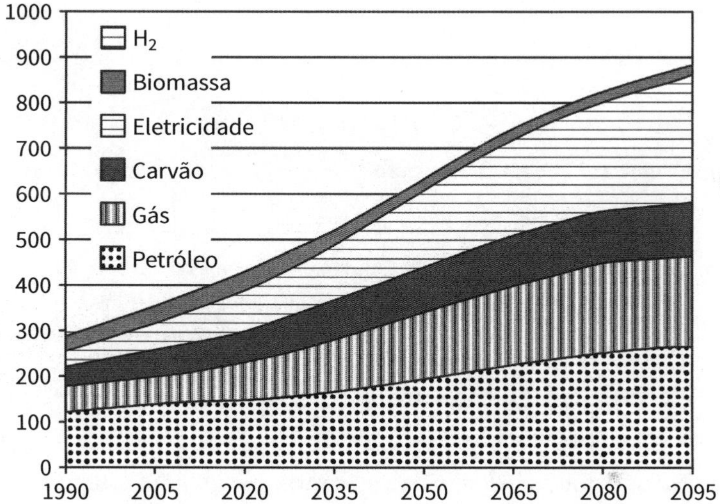

Figura 7.35: [painel superior esquerdo, de uma série de quatro painéis] Uso final de energia (EJ/ano) (reproduzido, com permissão, de Edmonds, *Energy,* 2004).

Esta figura mostra que aparência deve ter um gráfico de banda. Você pode ver quanta informação a figura pode absorver sem ficar sobrecarregada. (Uma das chaves, H_2 = gás hidrogênio, não é válida para esse painel, mas sim para os outros dois painéis da figura.)

Na maioria das disciplinas fora do campo da energia, um gráfico de banda é raro por causa de suas desvantagens. Apenas a linha de dados no topo (o total) e a largura da banda na base podem ser avaliados com precisão.

Gráfico de áreas agrupadas

Na próxima figura, você pode ver num relance que esse não é um gráfico de banda, porque, por exemplo, o pico em torno de 1880 penetra as duas bandas superiores. A figura mostra um gráfico de áreas agrupadas, que têm, cada uma delas, séries de datas baseadas no eixo horizontal.

▹ Crime maori

O autor compilou um perfil dos crimes dos maoris na Nova Zelândia, de 1853 a 1920.

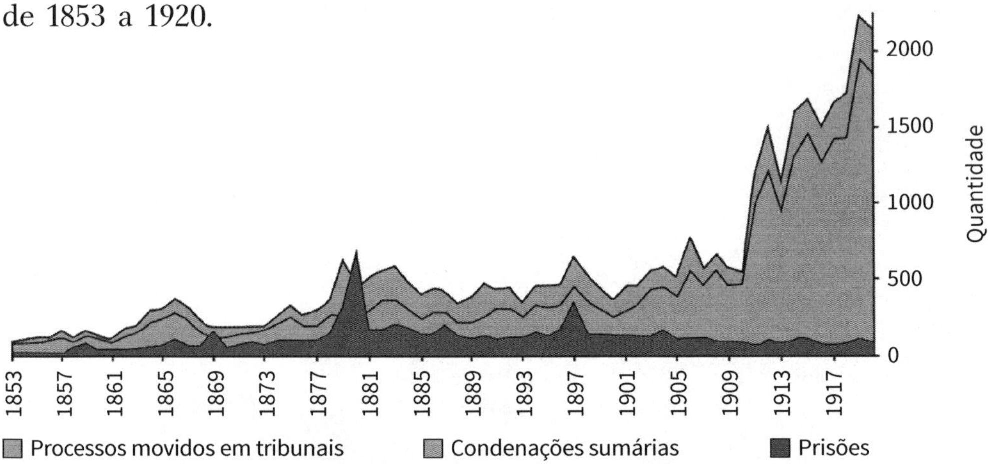

Figura 7.36: Estatísticas dos "crimes" maoris 1853-1920 (reproduzido, com permissão, de Bull, *British Journal of Criminology*, 2004).

Este gráfico, em especial, tem um pico que o distingue de um gráfico de banda. Mas quase nunca o gráfico de área agrupada tem um pico desses. Na realidade, a maioria desses dois tipos de gráfico tem exatamente a mesma aparência. Só lendo o texto do artigo você vai poder determinar de que tipo de gráfico se trata. O problema poderia ser resolvido com o uso de um gráfico de linha em vez do gráfico de área agrupada.

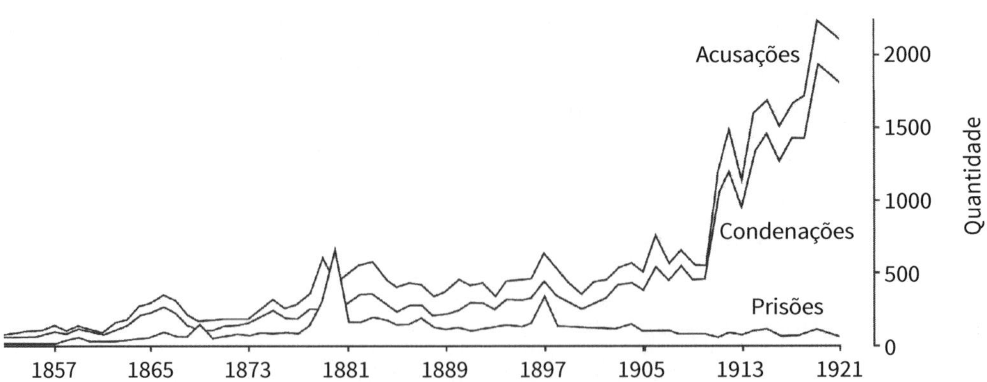

Figura 7.37: O gráfico original (7.36) transformado em um gráfico de linha. O formato original foi mantido para facilitar a comparação.

Essa apresentação é incompleta, porque os valores das partes das duas curvas cobertas pelo pico são desconhecidos.

Usar gráficos de área. Diferentemente do gráfico de banda, o gráfico de área agrupada não tem espaço nem na publicação científica nem no campo da ilustração. A maioria dos *softwares* não oferece a opção de gráfico de área agrupada. Mas, veja, os gráficos já publicados subsistem na literatura.

Gráfico de pizza

O gráfico de pizza, frequentemente usado pelos meios de comunicação de massa, vem se tornando cada vez mais popular também no campo da publicação científica. Mas qualquer informação científica veiculada por um gráfico de pizza pode ser visualizada com maior clareza em uma tabela. Tufte (2001) (veja a seção "Leitura recomendada") diz: "Pior do que um gráfico de pizza, só um monte deles".

Mesmo que o gráfico de pizza não possa ser recomendado na escrita científica, mostrarei a vocês como é uma pizza bem feita, para o caso de vocês estarem escrevendo para uma revista de divulgação científica.

▹ Quem matou os perus?

Os autores investigaram a sobrevivência e reprodução de perus selvagens na região do Missouri norte-central. No que diz respeito às causas de morte, eles descobriram o seguinte:

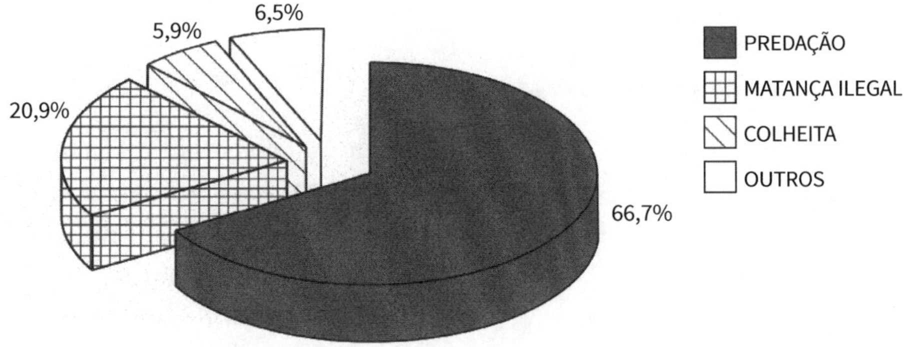

Figura 7.38: *Causa mortis* (n = 153) de perus selvagens chipados em Adair County, Missouri, 1981-1989 (reproduzido, com permissão, de *Wildlife Monographs* 1995; **130:** 1-50).

Esta pizza parece ter sido feita mais para agradar o olho do que para informar o leitor. Separar três setores dessa pizza tridimensional serve apenas para distrair. As porcentagens são hiperprecisas; números redondos são mais fáceis de reter. O gráfico de pizza funcionará melhor se o formato 3D for deixado de lado e se a pizza for apresentada como peça única, com os segmentos diretamente classificados.

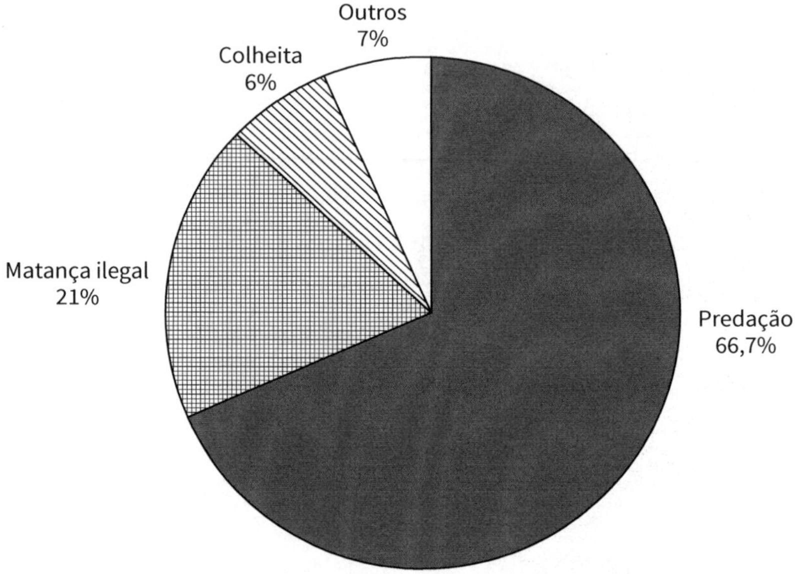

Figura 7.39: Versão redesenhada do gráfico original (7.38). *Causa mortis* (n = 153) de perus selvagens chipados em Adair County, Missouri, 1981, **mostrando a predação como fator principal.**
***Nota*: a soma das porcentagens (101%) excede os 100% a que se chega por arredondamento.**

Mas mesmo quando se estiver escrevendo para uma publicação de divulgação científica, as regras devem ser seguidas, por exemplo, o número de segmentos é importante.

▹ Conselhos diretores escalonados

Conselho diretor escalonado significa que alguns dos membros são eleitos alternadamente, em vez de todos serem eleitos simultaneamente. Uma empresa com um conselho diretor escalonado é, portanto, mais difícil de controlar. Em parte de um estudo, os autores examinaram as fusões de 138 empresas nas quais um conselho diretor era escalonado, mas o da outra, não. A empresa resultante frequentemente tinha um conselho diretor escalonado.

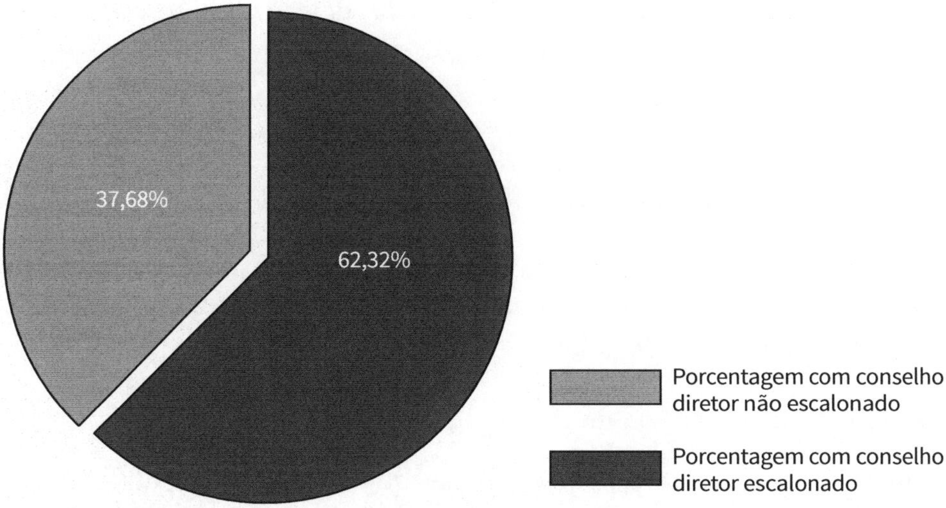

Figura 7.40: A parte que se tornou a empresa combinada quando uma parte tem um conselho diretor escalonado (reproduzido, com permissão, da *Harvard Law Review*, 2010; **23(7)**: 1551-1595.)

Sem que se saiba por quê, as duas partes da pizza estão separadas. Porcentagens, quase ilegíveis no fundo cinza do segmento à esquerda, seriam mais visíveis se estivessem fora da pizza. Mas os dois primeiros decimais precisaram ser removidos porque, repetindo, números inteiros são mais facilmente memorizáveis. O excesso de texto das chaves poderia ser encurtado e situado fora de cada setor da pizza.

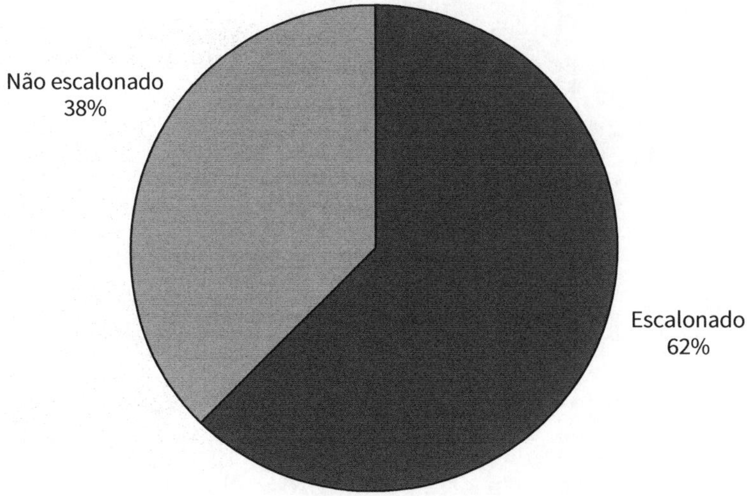

Figura 7.41: Versão redesenhada do gráfico original (7.40).

Contudo, toda pizza deveria conter mais de dois segmentos. Mesmo no caso de uma tabela, os dados podem ser muito escassos. Apresentá-los em palavras seria preferível, mais ou menos como segue:

> Empresas combinadas tinham conselhos de direção escalonados com muito mais frequência (escalonados *versus* não escalonados: 62% *versus* 38%, $P < 0{,}01$.)

Enquanto dois segmentos apenas são poucos demais num gráfico de pizza, dez segmentos são demais (7.42).

▷ Causa da aposentadoria de juízes

Os autores analisaram as razões pelas quais, durante quatro décadas (1970-2009), juízes federais norte-americanos (que tinham mandatos perpétuos) decidiram se aposentar. O que eles descobriram aparece na figura 7.42.

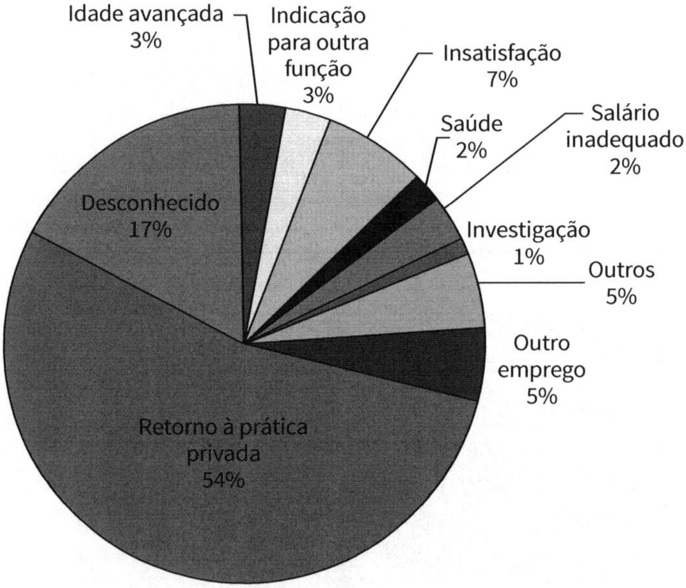

Figura 7.42: Causas da aposentadoria de juízes federais, 1970-2009 (reproduzido, com permissão, da *University of Pennsylvania Law Review*, 2012; **161(1)**: 1-102.)

Comparar e contrastar muitos segmentos é difícil. Um gráfico de pizza não deveria ter mais que cinco segmentos. Com mais de cinco, combine os segmentos menores para criar o quinto e classificá-lo como “Outros” (figura 7.43).

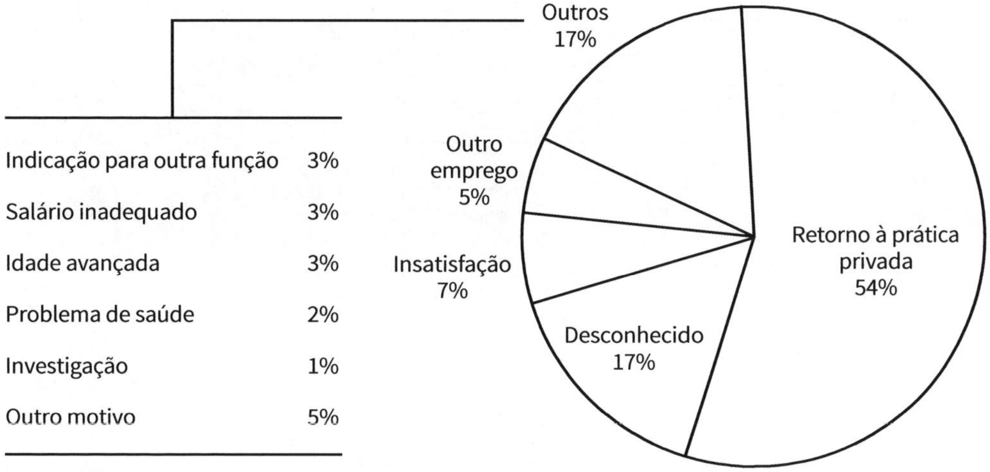

Figura 7.43: Versão redesenhada da figura original (7.42).

Visto que o número de juízes estudados era de 101, o valor numérico em cada categoria é exatamente o mesmo da porcentagem correspondente, exceto para os 54 juízes do grupo "retorno à prática privada", que se tornou 55% por conta do arredondamento. Portanto, mostrar os resultados com valores numéricos, por exemplo, na forma de uma tabela, daria ideia mais exata (tabela 7.1).

Tabela 7.1: Causas da aposentadoria de juízes federais, 1970-2009. O grupo maior (70 de 101 juízes) voltou para a prática privada ou outra colocação no setor privado.

Motivo	**Número de juízes**
Retorno à prática privada	55
Desconhecido	17
Insatisfação	7
Outro emprego	5
Indicação para outra função	3
Salário inadequado	3
Idade avançada	3
Problema de saúde	2
Investigação[a]	1
Outros motivos	5

[a] Um juiz aposentado para antecipar a investigação completa de provável vazamento de um grampo federal.

Perceba que a mensagem principal foi acrescentada ao título da tabela.

Usando gráficos de pizza. Usar um gráfico de pizza para relatar seus resultados a uma revista científica pode não ser uma boa escolha. Mesmo em relatos para revistas de divulgação científica, um gráfico de pizza tem lá suas falhas. Contudo, uma contradição é que as revistas sempre optam por uma gravura sobrecarregada com detalhes irrelevantes, como a figura 7.38, porque ela vende mais.

Diagrama de caixa

O *diagrama de caixa* (o *box-plot*) expõe ao *leitor especializado*, num relance, vários aspectos importantes de um conjunto de dados. Um diagrama de caixa pode aparecer em vários estilos alternativos, e o autor precisa descrever a alternativa escolhida. Não obstante essa descrição, os *leitores não especializados* podem ter dificuldade em interpretar a figura, principalmente se não tiverem conhecimento dos princípios de um diagrama de caixa. Vou tentar apresentar esses princípios de maneira clara.

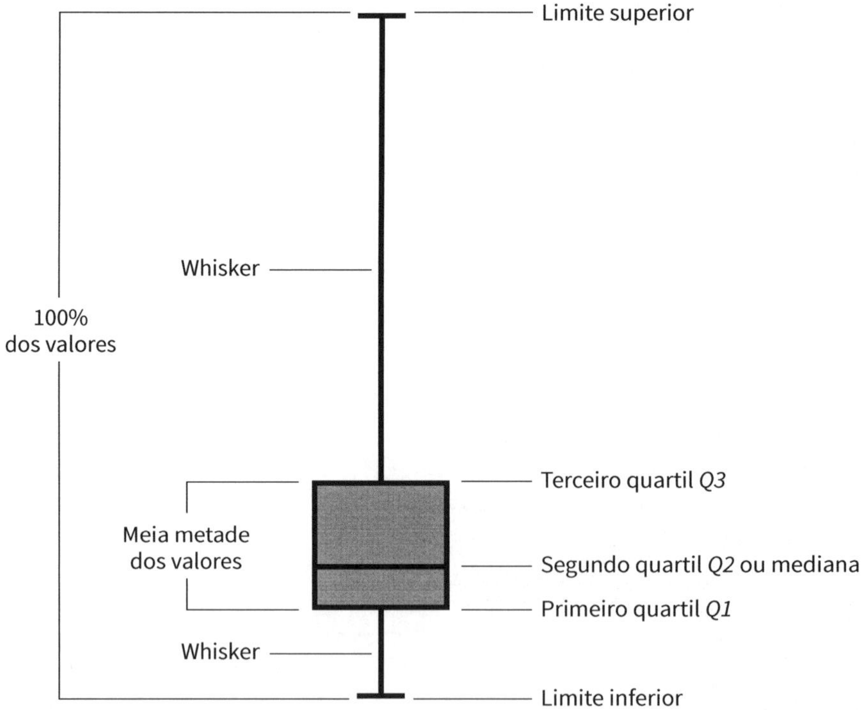

Figura 7.44: Exibição mais simples possível de um diagrama de caixa com os símbolos explicados.

Na maior parte dos *softwares*, os diagramas de caixa são uniformes no uso da (a) caixa que representa metade da metade dos valores e (b) a banda próxima do meio da caixa que indica a mediana. Mas o comprimento dos *whiskers* pode representar várias alternativas possíveis. Uma delas é mostrada na figura 7.44: as extremidades dos *whiskers* mostram os limites máximo e mínimo.
Um formato popular é mostrado na figura 7.45: o comprimento dos *whiskers* está dentro de 1,5 do comprimento da caixa; os valores atípicos são geralmente registrados como anexos.

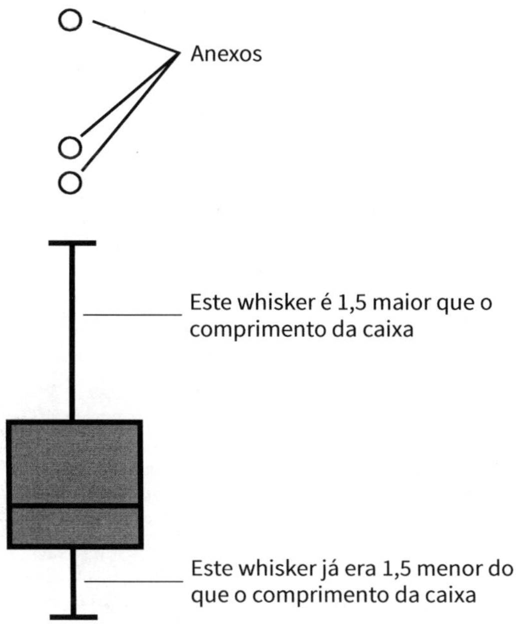

Figura 7.45: Em princípio, o mesmo diagrama de caixa, como na figura 7.44, mas seguindo um formato popular.

Vejamos um exemplo do mundo real.

▹ Migração do suiriri

Na Bolívia, pesquisadores estudaram a migração do suiriri [*Tyrannus melancholicus*]. Parte do estudo foi medir o peso dos pássaros.
Como diagrama de caixa, está bem executado. O tamanho da amostra também está dado. Mas o que os *whiskers* representam? Não podemos mais que tentar adivinhar (quando adivinhar não deveria ser necessário).

A abreviaura AN denota ano da ninhada e indica um indivíduo em seu primeiro ano de vida. Essa forma abreviada poderia ter sido explicada na legenda e não, como foi, na tabela separada mencionada.

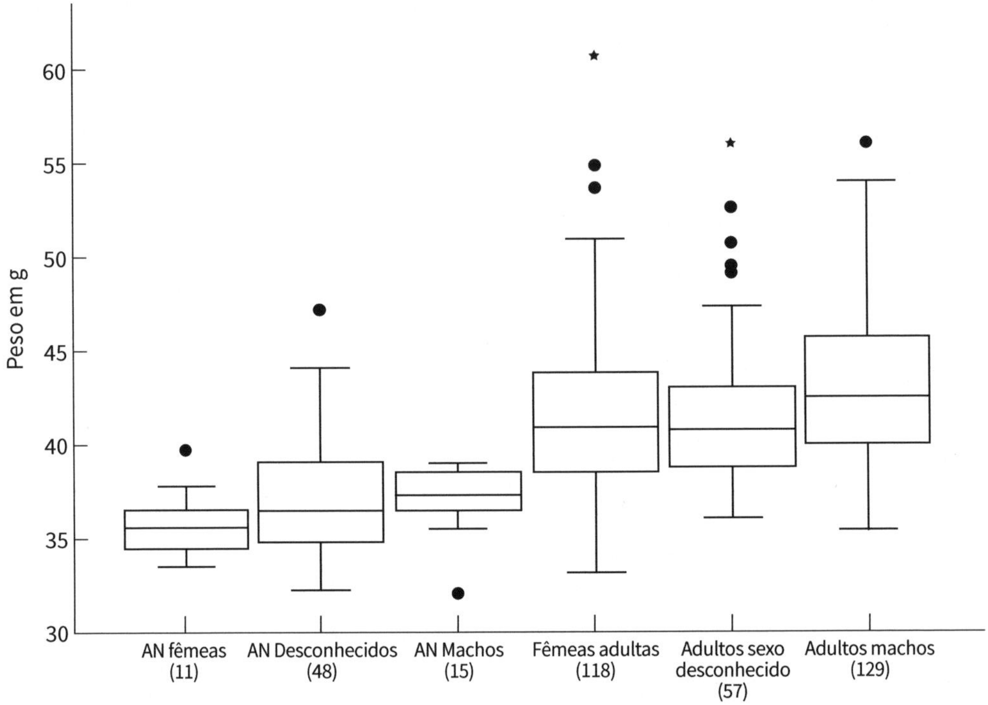

Figura 7.46: Diagrama de caixa da massa corpórea de suiriris extraído do estudo populacional, por idade e sexo, excluindo filhotes. Números entre parênteses nas etiquetas do eixo x representam o tamanho da amostra. Os círculos representam animais isolados e estrelas representam os extremos. Veja tabela I para definições dos termos (reproduzido, com permissão, de Levey *et al.*, *Journal of Animal Ecology*, 2010).

Mesmo assim, deve ser possível informar ao leitor o peso do suiriri de maneira mais simples do que por meio de um diagrama de caixa. Por que não usar uma tabela?

Temos a seguir um exemplo de um diagrama de caixa simples. Suas diversas partes são nomeadas (7.47) diretamente na figura.

▹ Teor de cálcio no músculo esquelético

Contração e relaxamento musculares são altamente dependentes da regulação do movimento do cálcio entre diversos compartimentos do músculo. Biopsias de músculos de 12 homens moderadamente treinados foram usadas como amostra em repouso e imediatamente depois do exercício para determinar os níveis de cálcio.

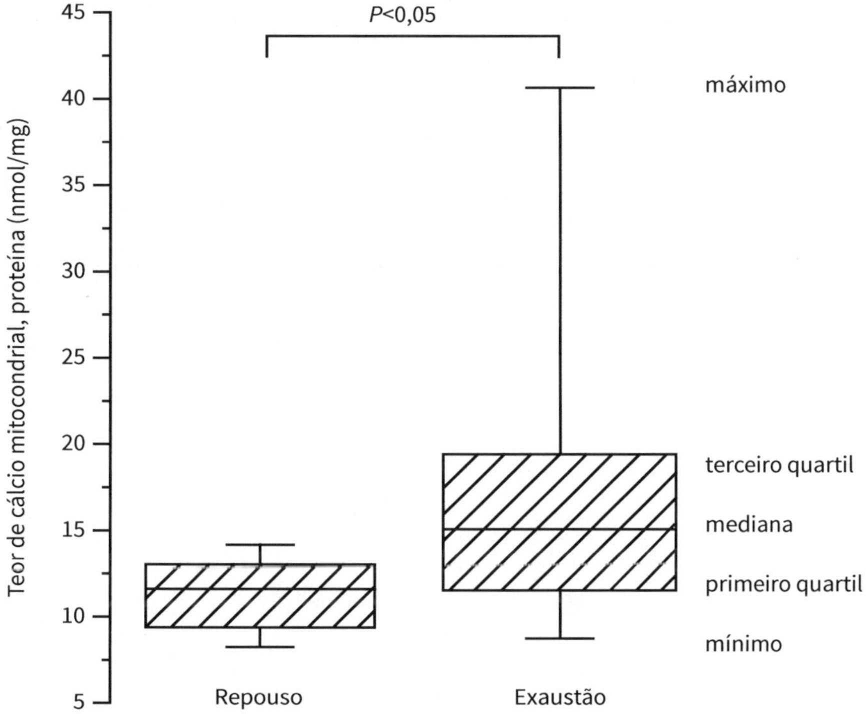

Figura 7.47: Diagrama de caixa do teor de cálcio mitocondrial antes e depois de exercício exaustivo de ciclismo a 75% do consumo máximo de oxigênio (n = 12) (adaptado, com permissão, de Ertbjerg *et al.*, *American Journal of Physiology*, 1996). Exemplo ilustrativo.

Explicar assim um diagrama de caixa é melhor do que usar espaço valioso da legenda para essa explicação, e também fica mais fácil de entender. Se você usa vários diagramas de caixa, só o primeiro precisa ser explicado. A seguir, a mensagem principal.

O teor de cálcio aumentado em cerca de 30% do repouso à exaustão.

No próximo exemplo (7.48), o diagrama de caixa é descrito numa figura separada que precede os 108 (!) diagramas de caixa de doze figuras. A descrição pode ser um pouco complicada para o leitor médio seguir.

Usar diagramas de caixa. Um gráfico que precise de instruções para poder ser lido perdeu totalmente seu propósito: mostrar num único relance o que o autor queria dizer. Por isso, pense duas vezes antes de usar um diagrama de caixa. Mas se for o melhor meio de apresentar seus resultados, escolha um leiaute simples, por exemplo, os das figuras 7.44 ou 7.45.

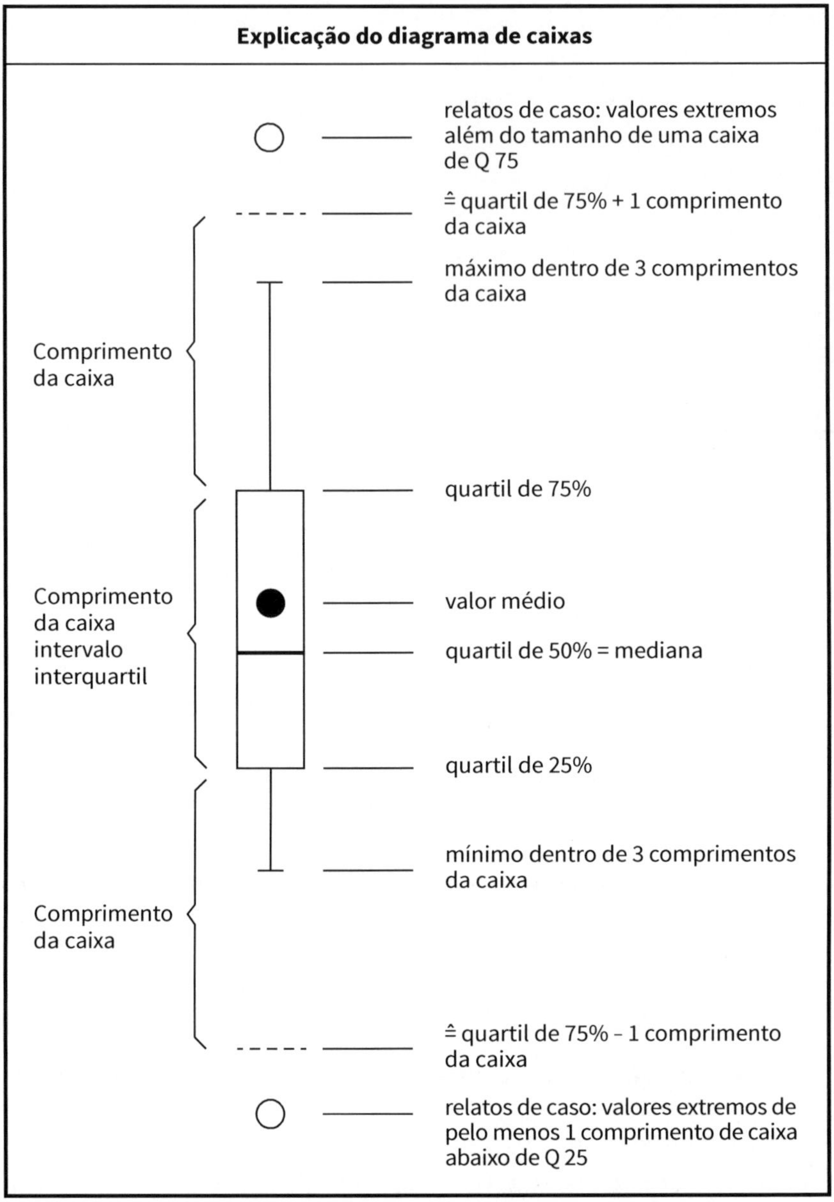

Figura 7.48: Descrição dos diagramas de caixa (reproduzido, com permissão, de Daly e Bonnar, *American Journal of Obstetrics & Gynecology* 1990).

O gráfico tridimensional

Esta seção discute apenas os tipos mais comuns de figura tridimensional: o gráfico de barras 3D, com dois tipos: o *falso* e o *verdadeiro*.

Gráficos 3D falsos

Se você viu um gráfico de barras 3D, provavelmente viu um falso, porque uma figura 3D com uma terceira dimensão de verdade é extremamente incomum. O primeiro exemplo de uma falsa variante foi extraído da revista mais ranqueada em seu campo, *Journal of Marriage and Family.*

▷ O primeiro filho como um primeiro projeto

Se os filhos fossem do mesmo sexo dos pais, eles tenderiam a ter um maior conhecimento das atividades cotidianas dos filhos nascidos depois dos primogênitos.

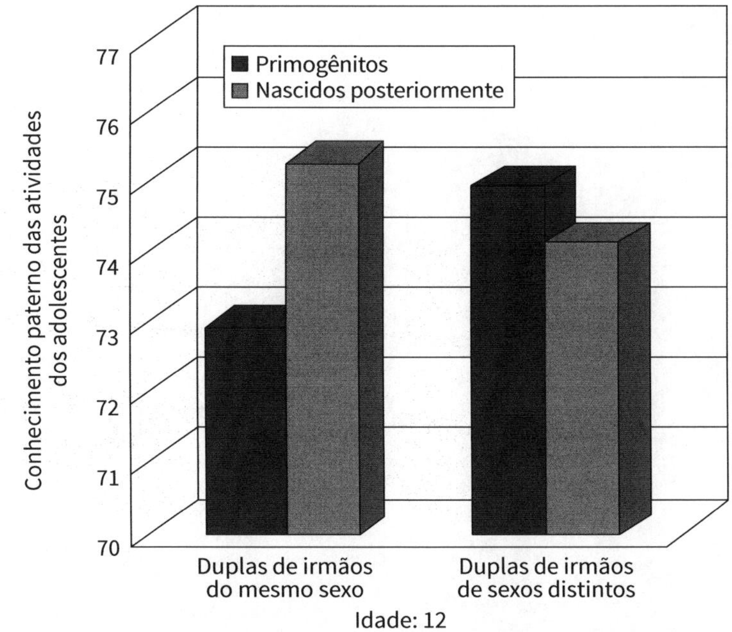

Figura 7.49: Interação interfamiliar de ordem de nascimento e constelação sexual da díade de irmãos no conhecimento preditivo dos pais sobre os comportamentos e atividades dos adolescentes aos 12 anos, primogênitos e nascidos posteriormente (reproduzido, com permissão, de *Journal of Marriage and Family,* 2003; **65**: 608-621.)

Essa imagem em 3D é uma beleza. Mas não estamos em um concurso de beleza, estamos tentando apresentar seriamente fatos difíceis. Os resultados por trás dessa figura não têm terceira dimensão; ela está falsamente introduzida.

Além do mais, a um primeiro olhar, a dupla de mesmo sexo das colunas (registradas à esquerda) diferiam clara e significativamente de um

ponto de vista estatístico e não, como o texto diz, apresentavam apenas viés (P = 0,08) de distinção. Os autores criaram essa ilusão mostrando apenas uma fração das colunas. (Trata-se do mesmo desenho deficitário da figura 7.20 da seção do gráfico de barras.)
Além disso, o eixo vertical não tem unidade. Ele provavelmente devesse ser expresso em *porcentagem*, visto que a taxa de atividades dos pais fora estimada segundo um questionário, como está dito no texto principal.
O gráfico redesenhado (7.50) não é tão bonito, mas muito mais correto. Para determinar o que a figura diz você precisa recuar quatro (4!) páginas no artigo original.

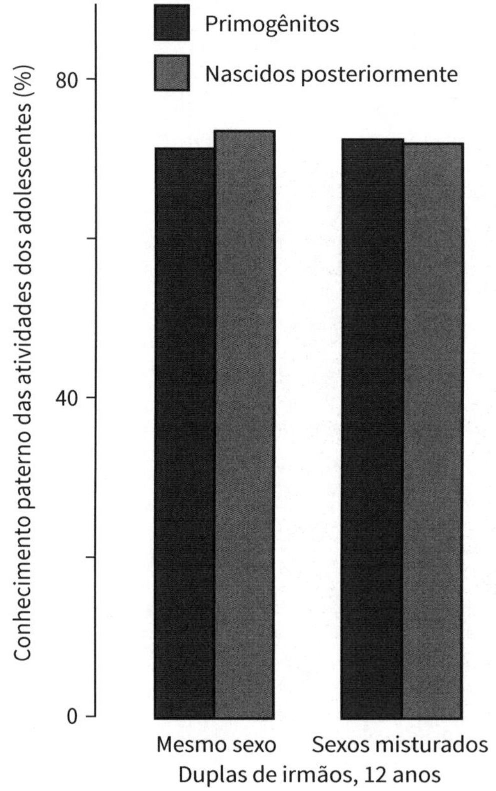

Figura 7.50: Versão redesenhada do gráfico original (7.49); legenda original substituída pela mensagem principal:
Pais tendiam (P = 0,8; não relevante estatisticamente) a ter maior conhecimento das atividades de filhos adolescentes não primogênitos do que de seus primogênitos aos 12 anos — mas apenas em relação às duplas de filhos de mesmo sexo.
Ou melhor:
Não há diferença estatisticamente relevante entre o conhecimento dos pais do...
Ou, melhor ainda:
A mesma conclusão da sentença anterior — em palavras apenas; logo, sem gravura acompanhando.

Temos, a seguir, outro gráfico 3D (7.51) com uma terceira dimensão falsa.

▹ Subvenções e democracia

A questão estudada era se a assistência educacional provida pela Agência dos Estados Unidos para o Desenvolvimento Internacional [USAID] e pelo

Banco Mundial estava vinculada à democracia e à prática de direitos humanos dos estados recipientes na América Latina e no Caribe. O que o autor descobriu está na figura 7.51.

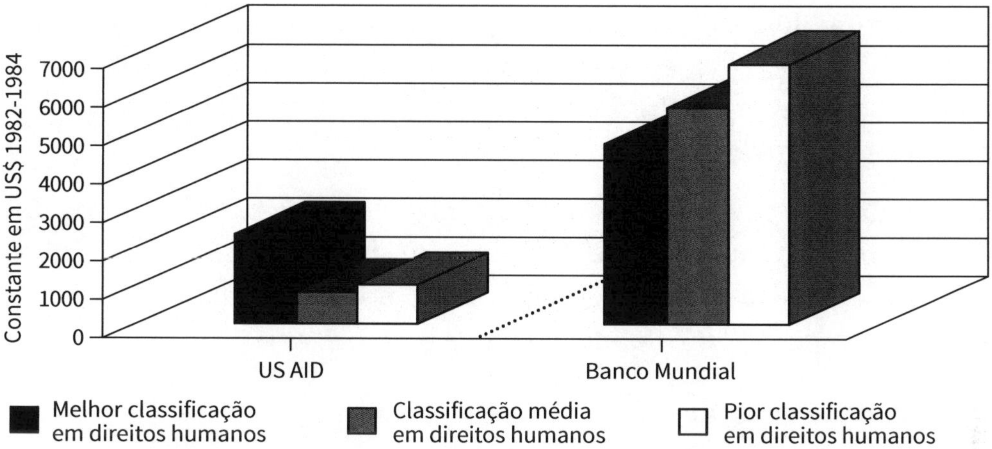

Figura 7.51: Quantia média de recursos concedidos a projetos educacionais pela USAID e pelo Banco Mundial de acordo com a classificação na prática dos direitos humanos da nação recipiente no ano em que a assistência foi concedida [constante 1982-1984 em dólares (reproduzido, com permissão, de *Economic Development & Cultural Change* 1999; **47(2)**: 401-419)].

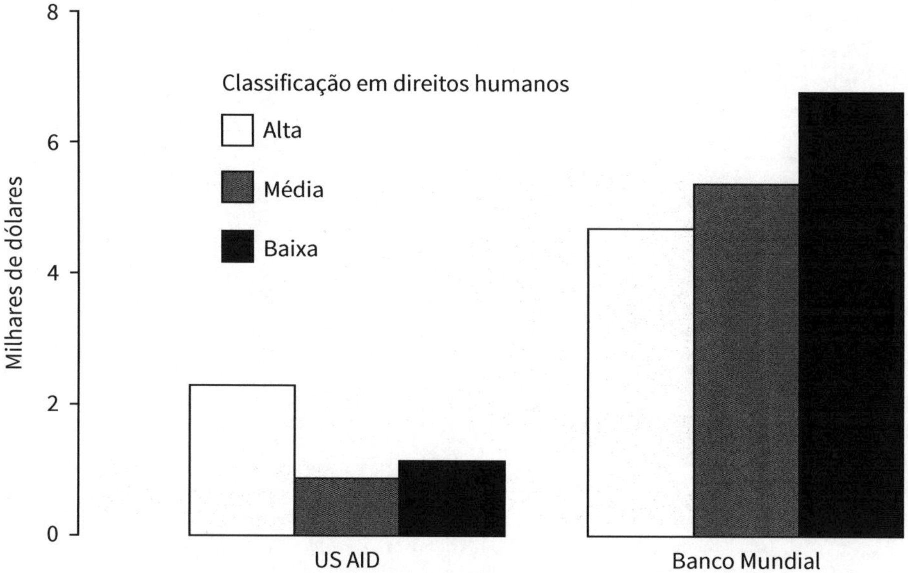

Figura 7.52: Versão redesenhada do gráfico original (7.51), com a legenda original substituída pela mensagem principal:
US AID concedeu maiores quantias médias de fundos a projetos em países com as melhores taxas democráticas, enquanto o Banco Mundial concedeu fundos equivalentes àqueles com as piores posições (constante em dólares 1982-1984; período estudado 1982-1987).

Depois do redesenho em formato bidimensional, o gráfico fica mais legível (figura 7.52 na página anterior). O padrão de cor das barras também é mudado para branco, no caso daquelas que representam as melhores taxas, e preto para as piores classificações. O rótulo do eixo vertical é abreviado apenas para "dólares" (milhares), algo descrito na legenda como constante em dólares 1982-1984, e essa informação não precisa ser repetida.

Gráficos 3D verdadeiros

Resultados de pesquisa muito raramente têm uma terceira dimensão. O exemplo a seguir dessa espécie rara inclui vários erros, que serão discutidos passo a passo. O exemplo provém da mais ranqueada revista em seu campo, *Wildlife Monographs*.

▹ Observação de águias

A atividade humana pode perturbar as águias. Uma dessas atividades é a observação.

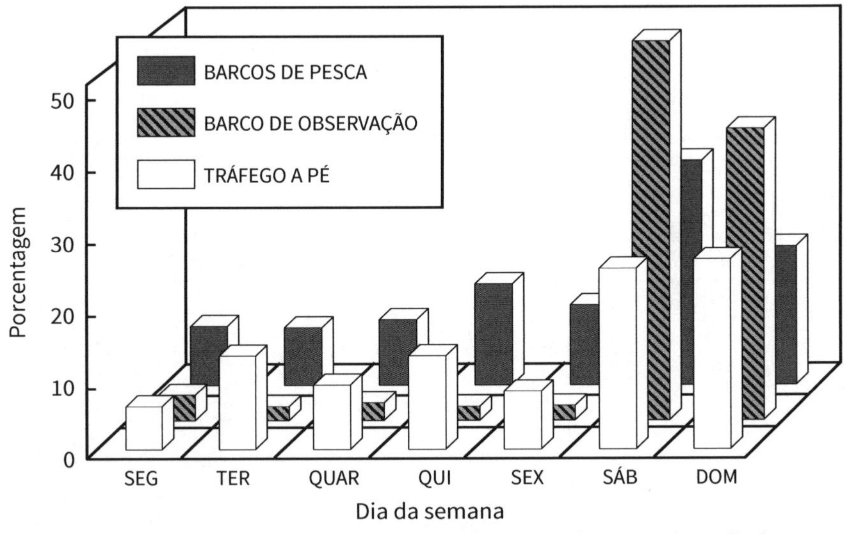

Figura 7.53: [...] atividade recreativa (porcentagem de observações) por dia da semana [...] em Washington Eddy na Skagit River Bald Eagle Natural Area, Washington [...] (reproduzido, com permissão, de *Wildlife Monographs* 1998; **137**: 1-46).

Na figura original, os rótulos do terceiro eixo estão incorretamente situados num requadro no canto superior esquerdo da caixa 3D, em vez de estarem no lugar apropriado, ou seja, ao lado do terceiro eixo, à direita.

Além do mais, a figura original traz porcentagens de observações em cada grupo. Contudo, um olhar mais detido para o texto do artigo revela que o *número* de eventos relacionados ao tráfego a pé era apenas uma fração das observações totais. Ao retratá-los equivocadamente em *porcentagens* (com o total alcançando mais de 100% em *cada* um dos três grupos), as ocorrências de trânsito de pedestres parecem muito maiores do que seria de esperar com base em seus valores numéricos. Na figura 7.54, o *número* de episódios é dado para um dia apenas, o sábado.

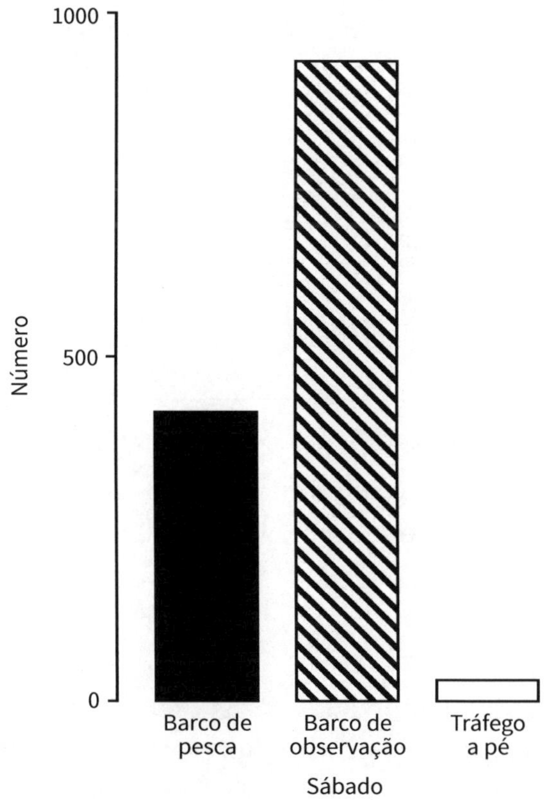

Figura 7.54: Visão realística de eventos. O número de visualizações de águia a pé era mínimo (barras desenhadas com base nos dados fornecidos no artigo).

Dois estilos de visualizar corretamente esses dados poderiam ser usados:

(a) um grupo de gráficos similar ao da figura 7.54 apresentado sete vezes (um grupo para cada dia da semana) ou

(b) um gráfico 3D verdadeiro baseado em números e não em porcentagens para cada grupo de atividade.

Visto que qualquer estilo teria sido estranho, vamos tentar como alternativa uma tabela. E como os dados brutos estavam indisponíveis, criei uma tabela imaginária para mostrar o que eu queria dizer (tabela 7.2). Esta apresentação funcionaria. Atente para a mensagem principal acrescentada ao título da tabela.

Tabela 7.2: Observação de águias. Dois terços das observações ocorreram em finais de semana, com as observações em barcos sendo as mais comuns.

	Tipo de atividade		
Dia da semana	**Barco de pesca (*n*)**	**Barco de observação (*n*)**	**Tráfego a pé (*n*)**
Segunda	XXX	XXX	XXX
Terça	XXX	XXX	XXX
Quarta	XXX	XXX	XXX
Quinta	XXX	XXX	XXX
Sexta	XXX	XXX	XXX
Sábado	XXX	XXX	XXX
Domingo	XXX	XXX	XXX

Um verdadeiro gráfico de barras 3D pode, às vezes, ser transformado em um gráfico de linhas, isto é, numa figura 2D. No caso a seguir (7.55), tanto a alternativa 3D quanto a possibilidade 2D apresentaram os mesmos resultados.

▹ Mercados à vista

Os autores estudaram os mercados à vista em Tóquio, Londres e Nova York. O que eles descobriram está apresentado em dois painéis na figura 7.55.

Vamos comparar as duas apresentações. Frequentemente um gráfico 3D é pensado para ser esteticamente mais agradável. Contudo, em 7.55 (painel inferior), algumas barras estão parcial ou inteiramente ocultas. Por exemplo, as barras dos valores de quarta-feira em Nova York e Londres estão invisíveis. Além disso, alinhar as barras com as escalas das grades nas paredes é difícil ou impossível. O gráfico de linhas (painel superior), contudo, é facilmente legível.

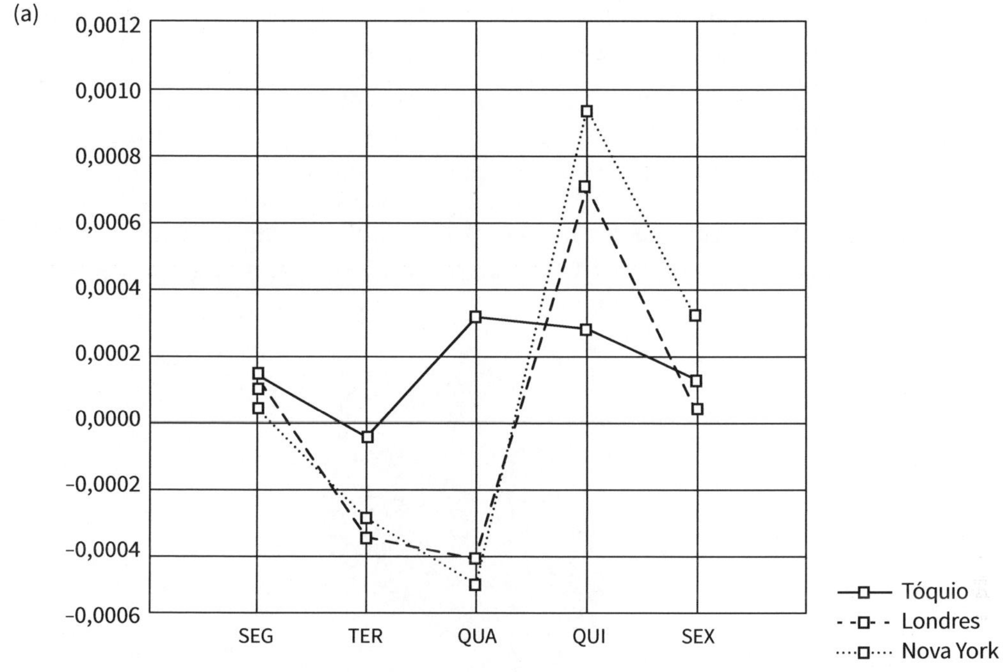

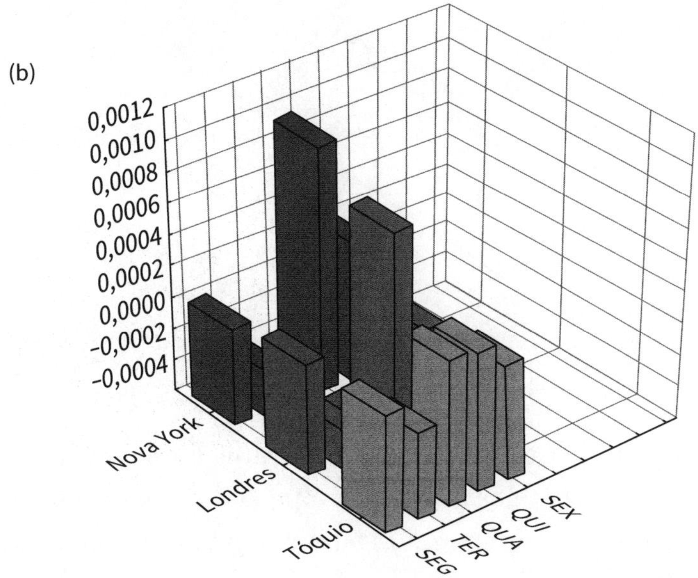

Figura 7.55: (a) Retornos bidimensionais de dias úteis de segunda a sexta-feira entre os mercados à vista de Tóquio, Londres e Nova York. (b) Retornos tridimensionais de dias úteis de segunda a sexta-feira entre os mercados à vista de Tóquio, Londres e Nova York (reproduzido, com permissão, de Yu *et al.*, *Applied Economics,* 2008).

A mensagem? Tenho de confessar que, nesse caso, sou incapaz de formular uma mensagem concisa.

A seguir, um gráfico 3D *verdadeiro*, que funciona (7.56).

▷ Fatores de risco para acidentes vasculares cerebrais

Em parte de um estudo, os autores descobriram que tanto a hipertensão arterial quanto altos níveis de fibrinogênio eram fatores de risco para AVCs.

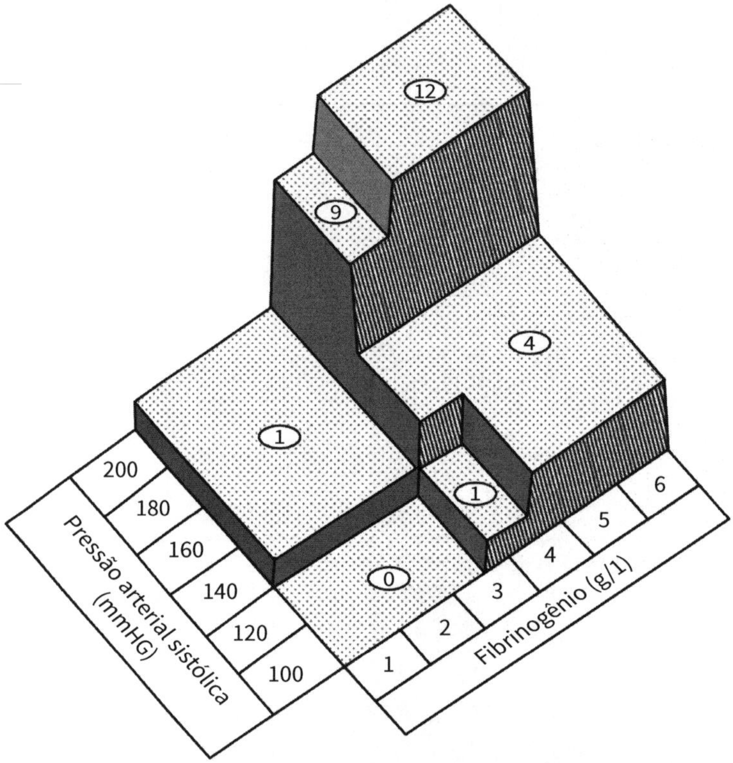

Figura 7.56: Incidência de AVCs (porcentagens circuladas), segundo os grupos delineados por várias combinações de níveis sistólicos de pressão arterial e níveis de fibrinogênio (reproduzido, com permissão, de Wilhelmsen *et al.*, *New England Journal of Medicine*, 1984.)

Os autores conectaram as barras de igual avaliação. Em vez de um terceiro eixo escrito à parte, eles anotaram o peso das barras com números circulados representando as porcentagens nas plataformas criadas pelas barras fundidas.

A seguir, a mensagem principal.

Quando ambos os fatores eram altos, o risco de AVC era de 12%.

Precisamos agora deixar as revistas e ir para uma tese doutoral, para poder encontrar um verdadeiro gráfico 3D, completo (7.55).

▷ **Bacteriúria assintomática**

O doutorando descobriu que a bacteriúria assintomática ocorria mais frequentemente em mulheres com mobilidade reduzida e incontinência urinária do que nas que não apresentavam esses sintomas.

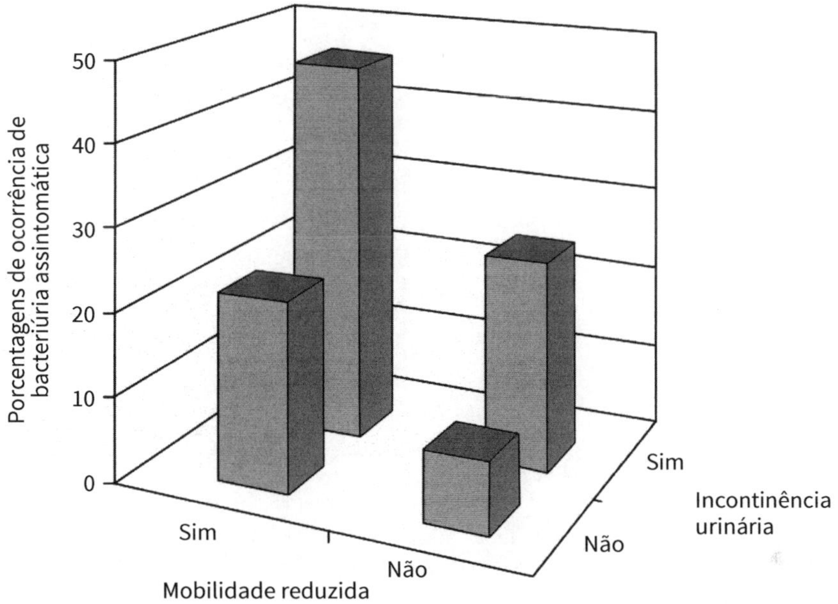

Figura 7.57: Reproduzido, com permissão, da tese de Nils Rodhe, *Asymptomatic Bacteriuria in Elderly*, 2008.

Essa figura 3D tem um terceiro eixo e todas as barras são visíveis. Mas um gráfico 3D só funciona numa situação tão simples que dispense a figura.

Usando gráficos 3D. Com poucas exceções, um gráfico de barras 3D é uma má saída para a apresentação de seus resultados. Quase sempre as descobertas não têm uma terceira dimensão. Se tiverem, o gráfico criado deixa de fora parte delas.

Dados individuais em vez de resumidos

Em alguns casos, ver uma série de dados (individuais) brutos em vez de resumidos permite aos leitores julgarem melhor os resultados.

▹ Melatonina e doença cardíaca

Pelo fato de os *estudos animais* terem sugerido que a melatonina exerce um papel na doença coronária em *seres humanos*, os autores compararam a concentração de melatonina em sujeitos com e sem essa doença.

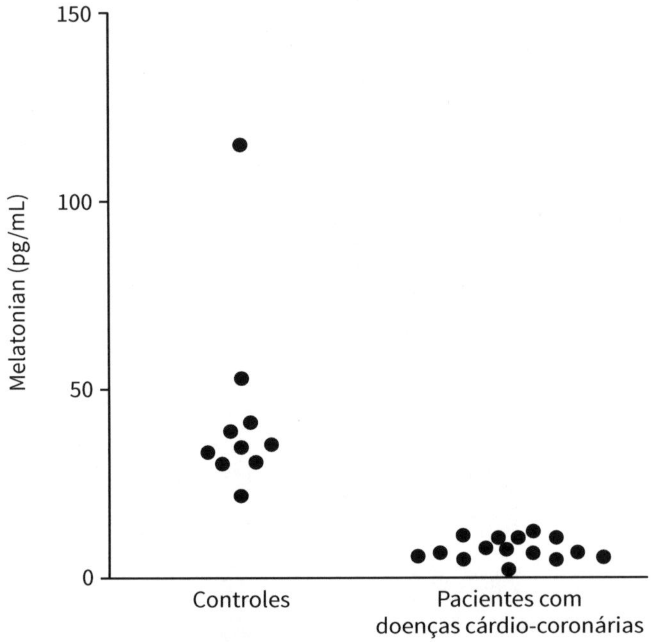

Figura 7.58: Concentrações noturnas de melatonina (0200 h) em pacientes com doença cárdio-coronária e controles (reproduzido, com permissão, de Brugger *et al.*, *The Lancet*, 1995. Um exemplo).

Um simples olhar para a figura (antes de ler o texto) permite concluir que os dois grupos diferem significativamente. Essa conclusão é confirmada pelo texto do artigo, que dá os dados sobre medianas, intervalos interquartis e valores de *P*. Mas a figura se mantém coerente com essa informação.

Nesse relatório sintético de *uma só página*, não há necessidade de acrescentar mensagem à legenda, porque você tem a certeza de que a mensagem se localiza na mesma página em que está a figura. Porém, em um artigo mais *extenso*, você não pode garantir que a mensagem e a legenda estejam próximas, mesmo que isso aconteça no manuscrito, porque o leiaute final da versão publicada pode separá-las.

Provavelmente ninguém se levantaria contra o uso de valores individuais na apresentação de tão poucos casos (apenas 25 sujeitos) como na figura

7.58. Mas o que dizer de exibir centenas de indivíduos? Vamos dar uma olhada no exemplo a seguir, com seus 790 sujeitos;

▹ O desastre nuclear de Chernobyl

De seis para oito anos depois da chuva radioativa de Chernobyl, os autores estudaram marcadores de substâncias da tireoide em crianças residentes em duas aldeias na época do acidente de Chernobyl. Uma aldeia (Hoiniki) foi pesadamente contaminada, ao passo que a outra (Braslaw) se manteve quase incontaminada. A seguir, as observações.

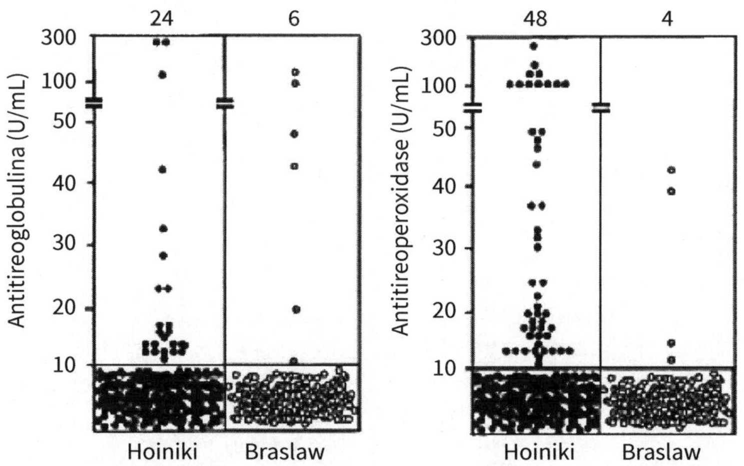

Figura 7.59: Valores individuais de soro antitireoglobulina e antitireoperoxidase em crianças e adolescentes de uma aldeia contaminada pós-Chernobyl (Hoiniki) e outra não contaminada (Braslaw). Os números no topo da figura indicavam o número total de crianças com valores anormais (>10 U/mL) em cada coluna (reproduzido, com permissão, de Pacini *et al.*, *The Lancet*, 1998).

Visto que os dados usados eram os individuais, você pode ver imediatamente que havia mais crianças com valores anormais em Hoiniki do que em Braslaw. Os autores decidiram visualizar os dados de um modo muito simples, incluindo apenas estatísticas menores. Embora tenha sido feita de modo correto (mas incomum), um estatístico provavelmente não ficaria satisfeito com essa apresentação. Não obstante, a figura transmite ao leitor médio exatamente o que os autores quiseram dizer.
A seguir, a mensagem principal.

Havia mais crianças com valores anormais na contaminada Hoiniki do que na incontaminada Braslaw, mas uma grande maioria de crianças apresentava valores normais.

No próximo gráfico (7.60), na base da coluna à direita, sete pontos anexos (valores externos) chamam a atenção (flecha minha). Os sete anexos se revelaram como uma variante atípica da doença de Fabry, uma anormalidade metabólica grave. Se tivesse sido usado um gráfico-resumo (com uma coluna que registrasse quase a mesma média e desvio-padrão), os anexos teriam sido realmente camuflados.

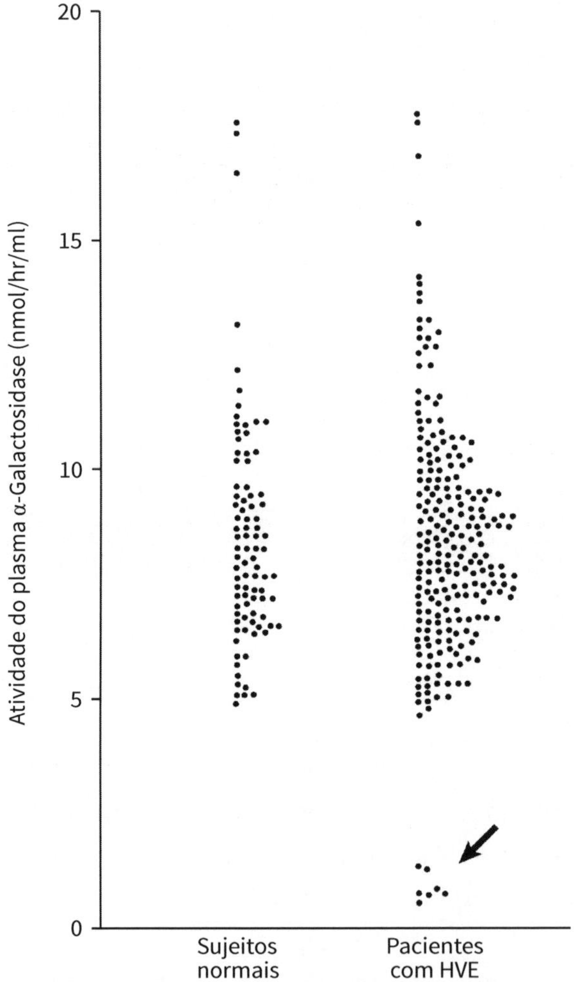

Figura 7.60: Atividade do plasma α-Galactosidase em 89 sujeitos masculinos normais e 230 com hipertrofia ventricular esquerda [...] (adaptado, com permissão, de Nakao *et al.*, *New England Journal of Medicine,* 1995. Um exemplo).

Se você não tiver certeza de se deve apresentar seus resultados como dados resumidos ou como valores individuais, pode usar ambas as apresentações, como na figura 7.61.

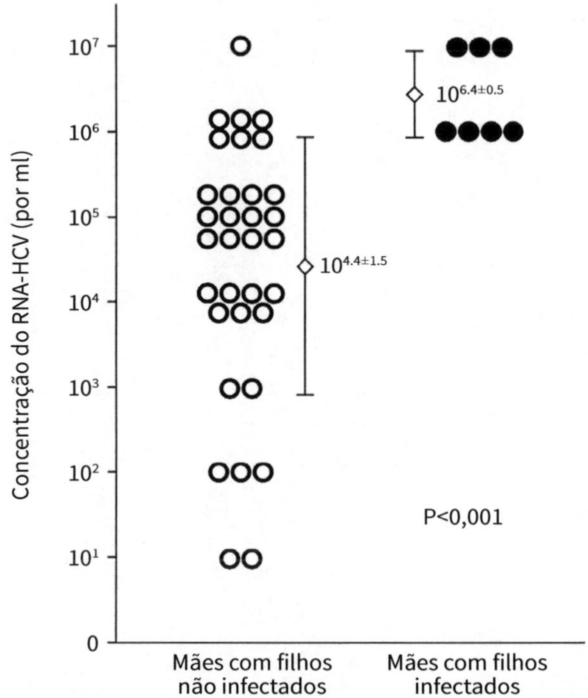

Figura 7.61: Média (± SD) de concentração do RNA-HCV sérico em 7 mães com bebês infectados por HCV e 33 mães com bebês não infectados (reproduzido, com permissão, de Ohto *et al.*, *New England Journal of Medicine,* 1994. Exemplo ilustrativo).

Talvez haja quem possa perguntar por que essa forma informativa de apresentação é tão raramente usada.

(Veja que o número 7 na legenda está expresso como numeral e não por extenso; veja os parágrafos introdutórios do capítulo 22, "Números", p. 177.)

8

Gráficos combinados

Combinação de gráfico de barras com gráfico de linhas

Que tipo de apresentação é a mais adequada para uma série temporal: gráfico de colunas ou gráfico de linhas? Um gráfico de colunas pode ser mais indicado quando não há efeito de transição de um período de tempo para o outro, ou seja, quando cada coluna representa um novo conjunto de dados sem adição do período de tempo anterior. Um gráfico de colunas poderia servir para representar, por exemplo, recém-nascidos; um gráfico de linhas para representar a população total. A seguir, um exemplo (8.1):

▹ **População de elefantes**

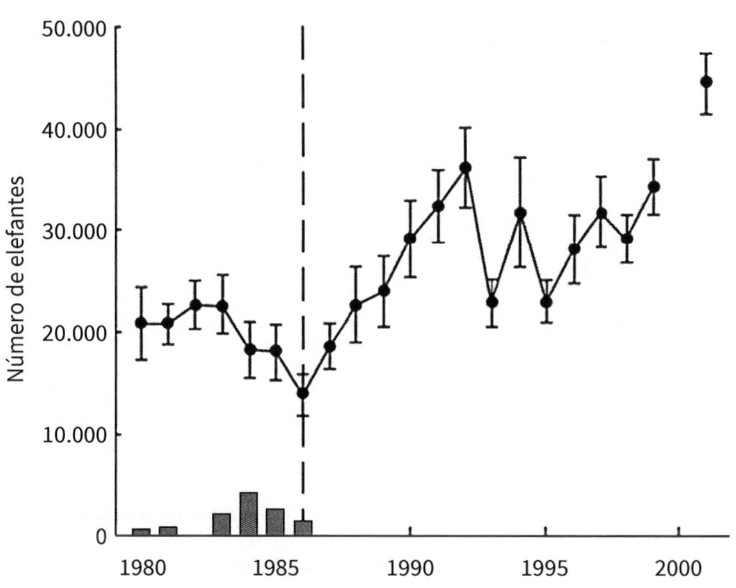

Figura 8.1: Número estimado de elefantes no Parque Nacional Hwange de 1980 a 2001. As barras indicam o número de elefantes abatidos. O abate foi proibido em 1986, antes do censo anual (reproduzido, com permissão, de Chamaillé-Jammes *et al.*, *Journal of Animal Ecology*, 2008).

Os autores estudaram a regulação de uma das maiores populações mundiais de elefantes no Parque Nacional de Hwange, Zimbábue. O que eles descobriram está na figura 8.1, na página anterior.

Na figura 8.1, foi inserida uma linha de referência à época em que o abate dos elefantes foi proibido em 1986. A mensagem principal foi acrescentada à legenda e aparece imediatamente depois do título:

> **A partir de então, a população cresceu continuamente durante os seis anos seguintes (mais que dobrou) e depois flutuou livremente em torno de 30.000.**

O exemplo a seguir (8.2) usou abordagem similar, embora não houvesse necessidade de duas escalas: uma para o número de indivíduos estimados (escala esquerda); outra para a contagem de cópulas (escala direita).

▹ Búfalo africano

Em parte de um estudo sobre o búfalo africano do Parque Nacional Kruger, na África do Sul, os autores encontraram a seguinte relação entre o tamanho de grupos de touros solteiros e a atividade de conquista.

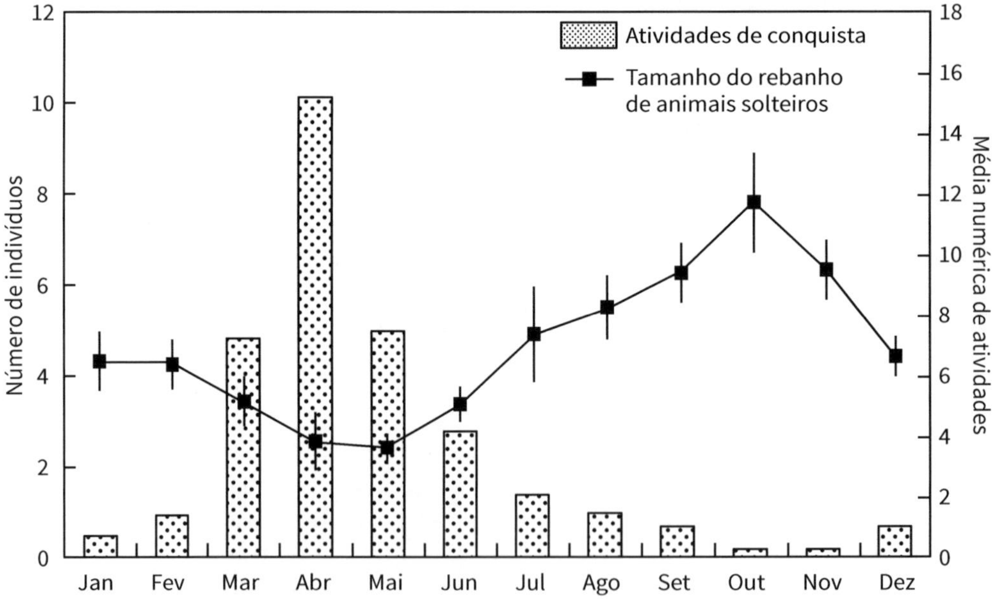

Figura 8.2: Tamanho médio mensal de grupos de búfalos solteiros (linha com quadrados sólidos) e o número de atividades de conquista (barras) durante o período estudado. Barras de erro indicam erros padrão (reproduzido, com permissão, de *Journal of Animal Ecology,* 2008; **77:** 850-858).

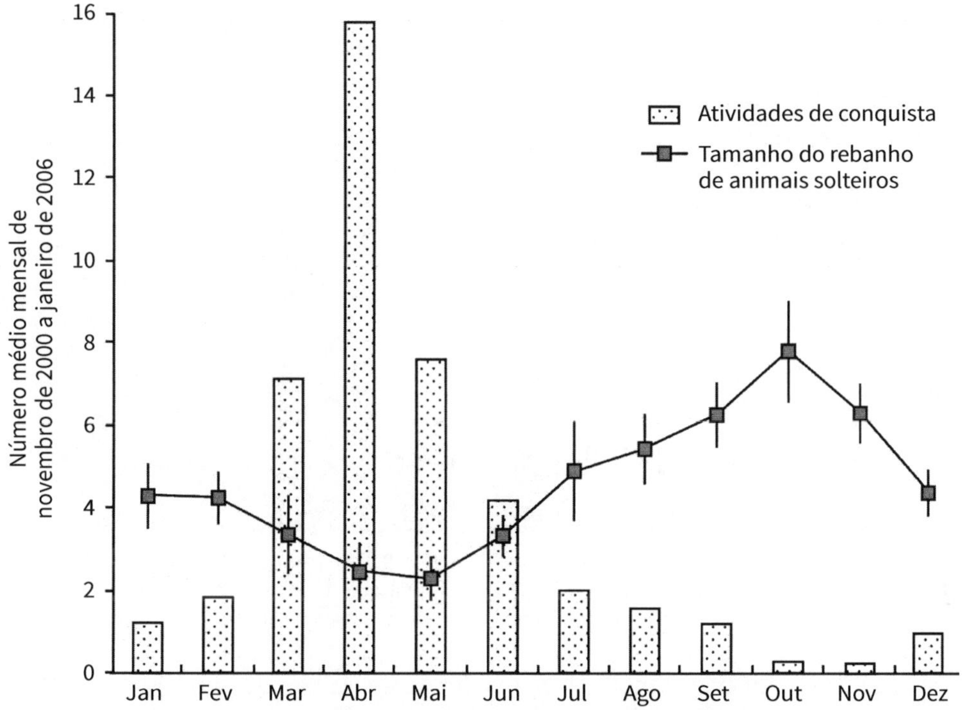

Figura 8.3: Versão redesenhada do gráfico original (8.2), com a legenda original substituída pela mensagem principal:
Atividades de conquista de búfalos com pico em abril, coincidindo com o menor tamanho dos grupos de búfalos solteiros. A menor atividade reprodutiva ocorreu entre outubro-novembro, quando os grupos de búfalos solteiros eram maiores. As barras de erro indicam erros padrão.

No gráfico original, a curva e as colunas têm a mesma unidade, ou seja, o mesmo número, mas são apresentadas em diferentes escalas. Adaptei-as a uma escala comum (figura 8.3).

A curva e as barras no exemplo original são explicadas duas vezes, tanto na chave quanto, mais uma vez, na legenda; uma vez bastaria.

A apresentação ainda está incorreta. A curva tem barras de erro, mas as colunas não têm tais barras, embora devessem tê-las – porque médias mensais foram aferidas durante vários anos.

Que fazer quando duas escalas com a mesma unidade (número de pessoas) em um caso é apenas uma fração da outra (8.4)?

▹ Assassinatos e execuções

Os autores compilaram o número de assassinatos e execuções em Houston, Texas.

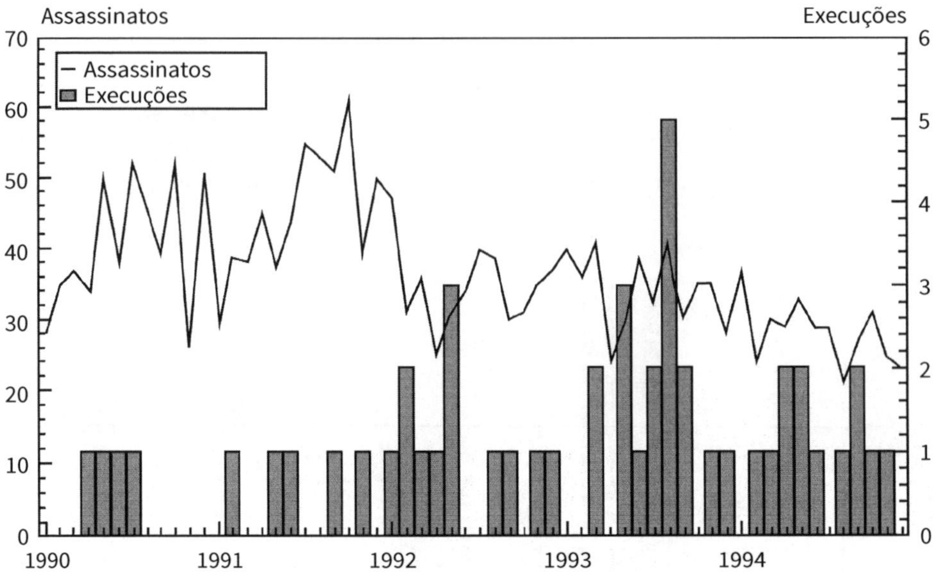

Figura 8.4: Execuções em todo o Estado e assassinatos em Houston, Texas, janeiro de 1990-dezembro de 1994 (reproduzido, com permissão, de *The Journal of Criminal Law & Criminology*, 2004; **94(2)**: 351-79].

Surpreendentemente, em três casos (um em 1992, dois em 1993), o número de execuções parece exceder o de assassinatos. Esse equívoco de interpretação resulta do uso de diferentes escalas para a mesma unidade (ou seja, número): uma escala vai de 0 a 70; a outra, de 0 a 6. É possível usar a mesma escala (figura 8.5).

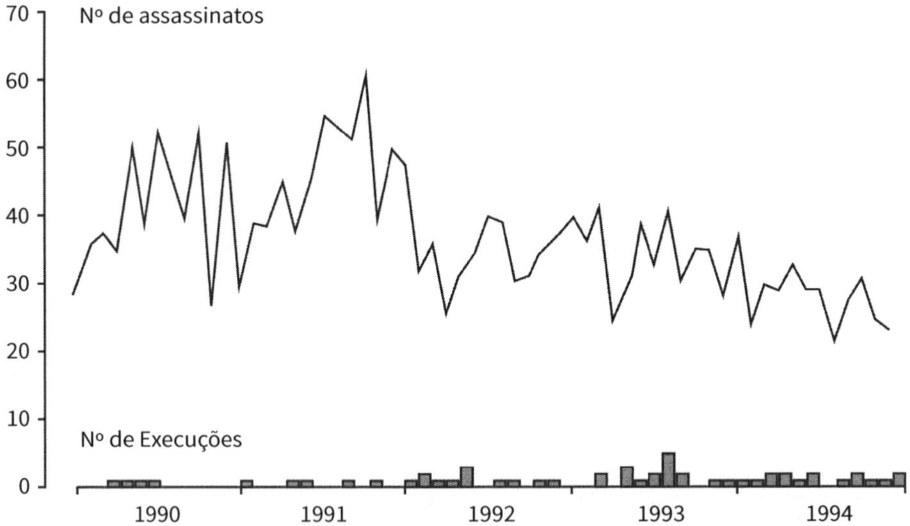

Figura 8.5: Versão redesenhada do gráfico original (8.4).

Na figura original (8.4), marcas de escala estão viradas para dentro, de modo que, no eixo horizontal, elas invadem as colunas. As colunas estão incorretamente situadas sobre as marcas de escala, em vez de ficarem entre elas; isso significa que, quando o eixo vertical é removido, metade da coluna final cai fora de seu eixo horizontal. Além disso, as datas no eixo horizontal (exceto a primeira) cobrem erroneamente dois meses do ano anterior. Esses erros estão corrigidos na figura redesenhada (8.5). A linha que une os pontos de dados, aqui imaginários, para assassinatos é, estritamente falando, um artefato, uma vez que não há efeito de transferência (a menos que o material incluísse assassinos em série). Podemos manter a linha? Sim, podemos. Argumentos em apoio dessa inconsistência estão dados no próximo exemplo.

▹ Doenças diarreicas entre refugiados

Em 1994, mais de meio milhão de refugiados ruandenses fugiu para a região de Goma, no Zaire. Um surto de cólera e disenteria entre eles atingiu um pico de mais de 6.000 casos reportados em 27 de julho (8.6).

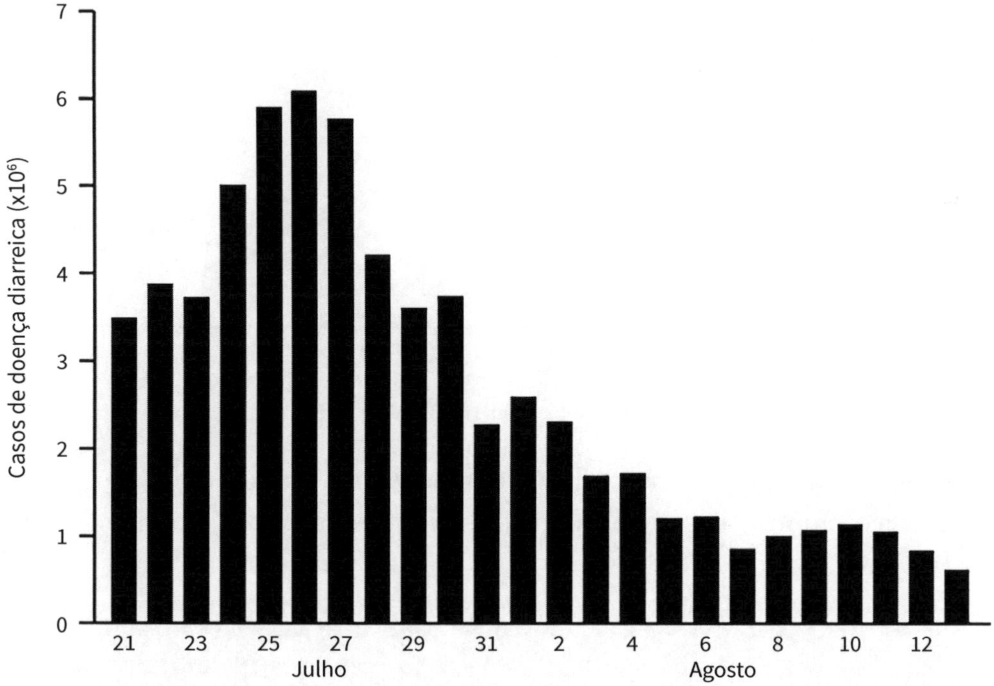

Figura 8.6: Relatos de casos de doença diarreica (cólera, disenteria e desidratação) (reproduzido, com permissão, de Goma Epidemiology Group, *The Lancet*, 1995).

Dessa vez, redesenhei as séries como um gráfico de linhas (para evitar ambiguidade, converti *x10*^{3} em *milhares* no eixo vertical).

Vamos comparar os dois desenhos. Diz-se que, em certos casos, gráficos de colunas exageram as diferenças entre medidas individuais. Se assim for, esse pode ser um motivo para, nesses casos, não usarmos gráficos. Uma figura não deve ter linhas desnecessárias. O gráfico de colunas tem 72 linhas (3 para cada uma das 24 colunas), enquanto o gráfico tem apenas uma linha. Num gráfico de linhas, o leitor pode geralmente distinguir tendências e movimentos mais rapidamente do que num gráfico de colunas. Que tipo de gráfico você escolheria nesse caso? (Eu provavelmente teria preferido o gráfico de linhas.)

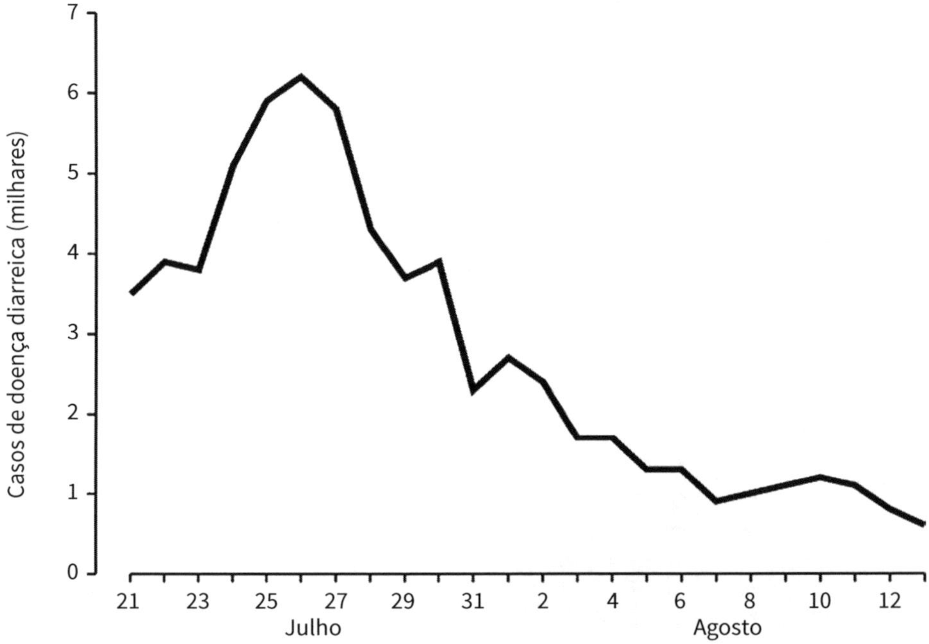

Figura 8.7: Exibição alternativa da figura 8.6.

Realmente, há figuras neste livro apresentando dados em um gráfico de linhas, embora não haja efeito de transferência, por exemplo, entre as figuras 7.6 e 7.17.

Usar efeitos de transferência. Você deve estar alerta para um efeito de repercussão. Mas, como de praxe, escolha o desenho que melhor comunique os resultados ao leitor.

Gráfico combinado com tabela

Um gráfico é feito para mostrar tendências e movimentos no decorrer do tempo, ao passo que uma tabela reporta números precisos. Um modo informativo de apresentar dados é combiná-los.

▹ Tratamento de HIV

Em 2006, quando o gráfico 8.8 (a seguir) foi publicado, a situação dos pacientes com HIV era mais ou menos a que se segue. O tratamento tradicional, para a vida toda, era muito caro. Portanto, médicos na África subsaariana tentaram um novo regime durante o qual os pacientes com HIV entravam e saíam da terapia tradicional. Durante as interrupções, os pacientes recebiam um tratamento alternativo menos custoso – chamado no gráfico de *tratamento guiado pelo CD4* (no gráfico, a terapia tradicional é chamada de *tratamento contínuo*). Pelo fato de o HIV atacar as células CD4, que pertencem ao sistema imune, sua contagem revelou eficácia no tratamento (um indivíduo HIV-positivo com menos de 200 células por mm^3 é diagnosticado como tendo desenvolvido AIDS). Os pacientes eram randomizados para cada um dos tratamentos por um "cara ou coroa" computadorizado.

O estudo foi precocemente interrompido porque a contagem de CD4 caiu tão alarmantemente que acarretou um alto risco de infecções bacterianas graves, que poderiam representar risco letal para os pacientes com imunidade comprometida.

A figura ilustrativa a seguir (8.8) inclui detalhes do estudo que não poderiam ser mostrados sem uma tabela de acompanhamento, tais como os dados faltantes de cada ocasião de amostra. A mensagem principal, com um comentário, poderia ser algo como o seguinte.

> **O tratamento intermitente guiado pelas células CD4 resultou em valores de contagem de CD4 alarmantemente baixos, provocando a interrupção precoce do estudo por conta do risco de infecções bacterianas.**

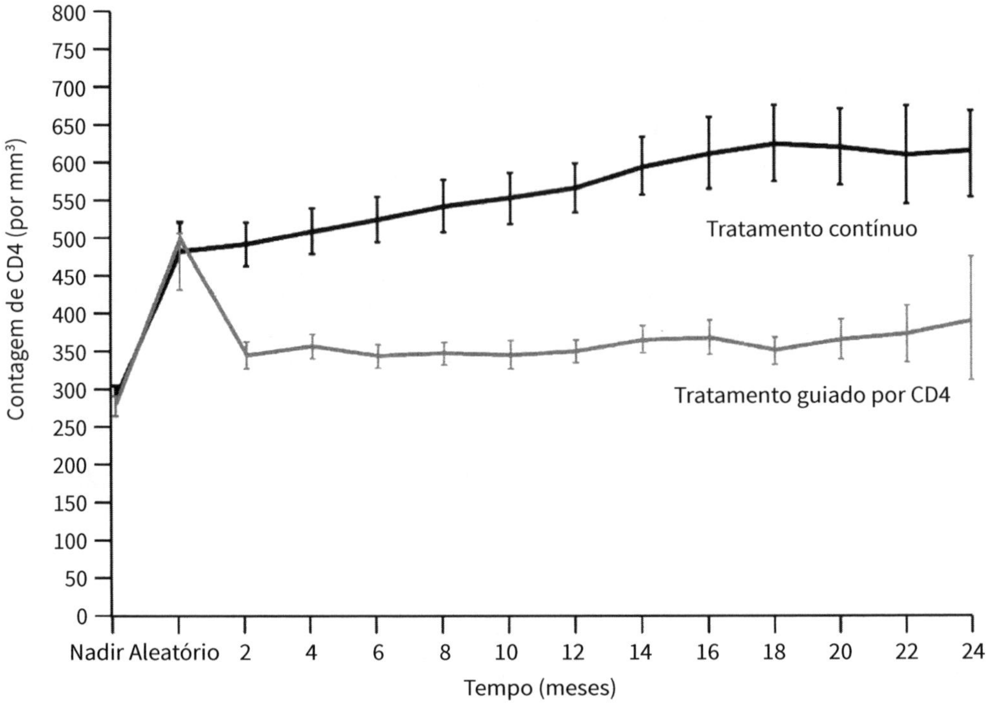

Tratamento contínuo

Pacientes	110	110	110	110	110	108	107	99	93	80	70	54	36	15
Medições de CD4														
Ausentes	0	0	0	1	1	1	1	3	3	3	1	1	2	1
Disponíveis	110	110	110	109	109	107	106	96	90	77	69	53	34	14

Tratamento guiado por CD4

Pacientes	216	216	215	215	215	212	204	193	180	157	139	105	68	30
Medições de CD4														
Ausentes	0	0	0	1	3	4	5	3	5	4	6	8	7	4
Disponíveis	216	216	214	214	212	208	199	190	175	153	133	97	61	26

Figura 8.8: Evolução da média (SD) da contagem de CD4 [...] (reproduzido, com permissão, de Danel *et al.*, *The Lancet,* 2006, *online* a partir de um original em 4 cores).

Agora, vamos espiar, por trás das colunas de gráfico de barras de dados resumidos (8.9), os dados brutos para descobrir o que eles têm a nos dizer.

▹ Indução de aborto

Os autores estudaram o tempo necessário para induzir o aborto no segundo trimestre usando um método convencional (apenas prostaglandina) comparado com uma nova abordagem (prostaglandina + oxitocina).

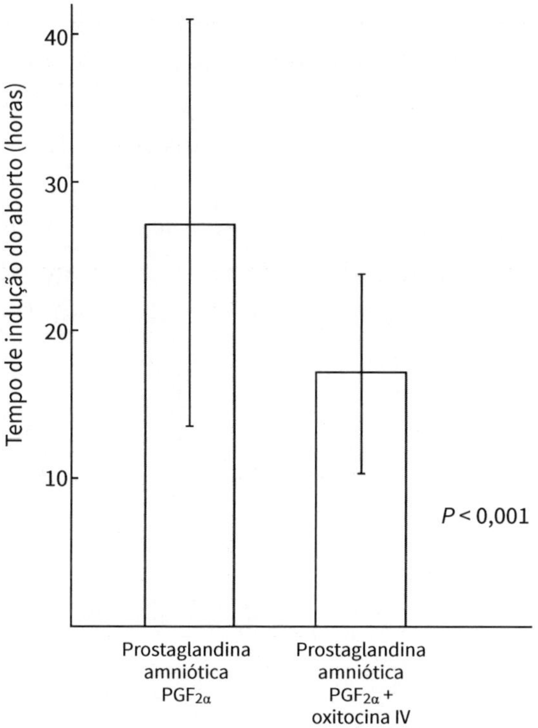

Figura 8.9: Média (S.D. ± 1) de intervalos de indução de aborto em mulheres tratadas apenas com prostaglandina amniótica $F_{2\alpha}$ [$PGF_{2\alpha}$] e em combinação com oxitocina intravenosa (adaptado, com permissão, de Seppälä *et al.*, *Prostaglandins*, 1972).

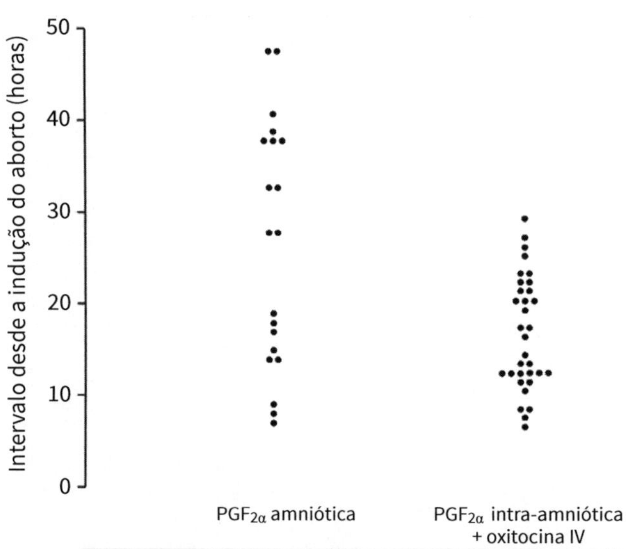

	$PGF_{2\alpha}$ amniótica	$PGF_{2\alpha}$ intra-amniótica + oxitocina IV
Média (SD)	26,6 (13,5)	17,4 (6,3)
Número de pacientes	20	33
Diferença de médias	9,2	
Intervalo de confiança de 95%	3,8–14,7	
Valor de P	0,0013	

Figura 8.10: Exibição alternativa da figura 8.9.

Vendo este gráfico, clínicos gerais nessa área podem, à primeira vista, ficar impressionados com o encurtamento aparentemente dramático do tempo de aborto. Contudo, eles provavelmente ficariam menos impressionados se vissem a figura redesenhada (8.10) para incluir os dados individuais dos 53 sujeitos (Harris, 2006: 82) no mesmo artigo.

O gráfico redesenhado mostra que o aumento não era um corte tão claro quanto se poderia esperar do que se viu no gráfico de dados resumidos. E ainda combinei o gráfico com uma tabela que trazia dados complementares, de modo que o leitor não precisasse procurar essa informação no texto principal.

9

Desenhos

Embora meu primeiro desenho tenha sido publicado com melhorias bem leves, pedi a um artista que o redesenhasse a mão (nós não tínhamos computadores naquele tempo). A figura foi aperfeiçoada – mas aquilo me custou uma pequena fortuna. Desde então, passei a fazer eu mesmo meus desenhos. Talvez essa não seja uma má prática, ao final das contas, porque os desenhos passaram a exprimir exatamente o que eu queria dizer.

Um desenho desses, feito por um dos autores de um artigo, vem a seguir.

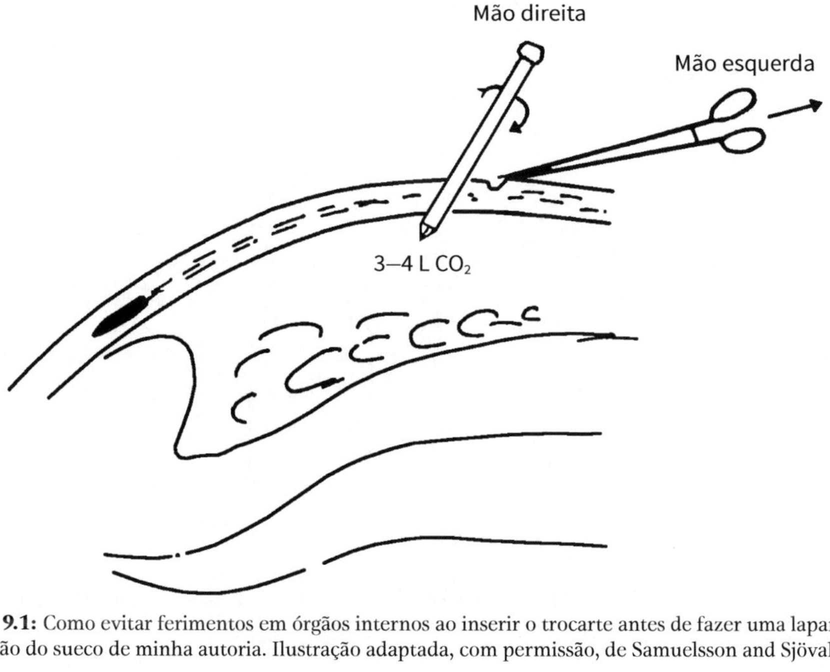

Figura 9.1: Como evitar ferimentos em órgãos internos ao inserir o trocarte antes de fazer uma laparoscopia (tradução do sueco de minha autoria. Ilustração adaptada, com permissão, de Samuelsson and Sjövall, 1973).

O relato se iniciava com uma séria complicação em uma laparoscopia, na qual um trocarte (instrumento cortante) perfurou o intestino grosso do paciente ainda na fase inicial do procedimento. O artigo descreve como essa complicação pode ser evitada – e o desenho diz exatamente o que os autores queriam dizer. Sem contar que a gravura não lhes custou nada!
Autores que queiram encomendar seus desenhos a ilustradores profissionais tenham o cuidado de passar ao artista um esboço detalhado. O profissional, então, escaneia o esboço e, em seu computador, o aperfeiçoa – de forma muito mais barata do que desenhando a mão. Ilustradores habilidosos são espécimes raros e normalmente têm uma agenda apertada. Portanto, contate-os com um bom tempo de antecedência; preferentemente antes de você começar a escrever o artigo.
As duas figuras a seguir mostram o esboço (acima) feito pelo autor e o desenho finalizado (abaixo) feito pelo artista. Cada detalhe foi melhorado e recebeu um tratamento profissional.

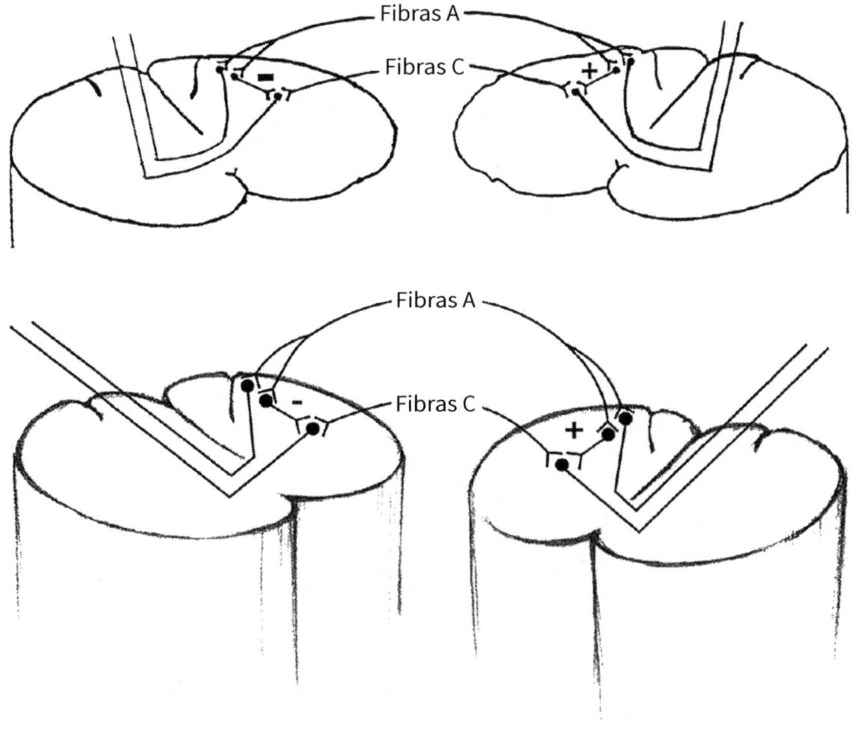

Figura 9.2: Desenho em esboço (acima) e finalizado (abaixo). (O esboço foi impresso com permissão da autora, Joanna Wallengren. A forma final foi reproduzida, com permissão, do *Journal of the American Academy of Dermatology*, 1998. Ilustração de Ronny Lingstam.)

10

Como desenhar tabelas

O conteúdo de uma tabela pode ser descritivo, como é o caso na maioria das vezes, ou declarativo (portador de uma mensagem). Será útil ao leitor se isso já vier refletido no título da tabela.

Título descritivo

O título descritivo é usado em tabelas que trazem informação detalhada, como a tabela a seguir (na qual está reproduzida apenas parte da tabela original).

Tabela 10.1: Idade materna, idade gestacional, indicação, tamanho e tipo (avascular ou vascular) de amostras de vilos, método usado no processamento de biopsia (preparação direta, cultura de 24 h, cultura de longo termo) e cariótipo em 80 casos diagnósticos de biopsia de vilo corial de 1º trimestre.

				Vilos analisados			Método citogênico			
Caso nº	Idade da mãe	Idade gestacional (sem)	Indicação	Peso (mg)	Avascular	Vascular	Direto	Cultura 24h	Cultura de longo termo	Cariótipo
1	45	12	Filho anterior com a síndrome de Down	10		X			X	46,XY
2	19	12	Hemofilia	2					X	46,XY
3	30	9	Hemofilia	10		X			X	92,XXYY
				5	X					
4	41	11	Idade	8		X			X	46,XY
[etc.]										

Fonte: Tabela parcial, reproduzida, com permissão, de Heim et al., *Clinical Genetics*, 1985.

Esta tabela provém de um artigo que publiquei em coautoria. Agora, com a vantagem da perspectiva, vejo que esse título peca pelo erro comum de repetir cada cabeçalho, exceto, nesse caso, o primeiro. Podemos deletar 31 das 39 palavras desse título. A versão sintetizada pode ser apreendida em um único olhar:

Tabela 10.1: Detalhes de 80 casos de diagnóstico de biopsia de vilo corial de 1º trimestre

Título declarativo

Se determinada tabela mostra clara tendência ou relação, um título declarativo seria a melhor opção. A tabela a seguir registra que a frequência de clavículas fraturadas aumentou com o aumento do peso no nascimento.

Tabela 10.2: Clavículas fraturadas e peso no momento do parto. ← Título

	Partos		Clavículas fraturadas		
Peso ao nascimento em g	*n*	%	*n*	%	← Cabeçalhos
2500	434	8,5	9	2,07	
2501-3000	1395	27,3	45	3,23	
3001-3500	2047	40,0	108	5,28	
3501-4000	1049	20,5	111	10,58	← Corpo
4001-	193	3,7	24	12,44	
Total	5118	100,0	297	5,80	

Fonte: Reproduzido, com permissão, de um manuscrito de Jójárt *et al.*, 1992.

Mas o título é neutro e quem quiser entendê-lo precisa estudar a tabela durante certo tempo para poder compreender a mensagem. Teria sido útil para o leitor se a mensagem da tabela tivesse começado com o título:

Tabela 10.2: Aumento de fratura em clavículas com o peso no parto.

Arredondamento

Na coluna da direita da tabela acima, as porcentagens registradas são hiperprecisas. Um decimal apenas bastaria (cf. cap. 22, "Porcentagens" [p. 180]). Na coluna central, as porcentagens somam exatamente 100,0 por cento. Os autores chegaram a isso ajustando as porcentagens reais de 3,8 para 3,7 (segunda figura a partir da base). *Em todo cálculo que você vá fazer, não ajuste os números para fazê-los somar o total real.* Em vez disso, dê o total depois de arredondar (nesse caso, 100,1%) e explique em nota de rodapé: "A soma das porcentagens excede 100% devido ao arredondamento". Tendo dito isso, quero ainda insistir nas qualidades dessa tabela. Ela é especialmente boa por insistir em apenas um ponto. Se, por outro lado, os dados da tabela levassem a duas conclusões, o autor faria melhor se tentasse dividir a tabela em duas tabelas menores, visto que duas conclusões na mesma tabela tendem a se obscurecer uma à outra. Outra qualidade dessa tabela: os números que devem ser comparados estão distribuídos em colunas distintas, não misturados nelas. É mais fácil lê-los desse modo. (Se você não me dá crédito, tente adicionar porcentagens da esquerda para a direita em uma fileira!)

Tabela ou gráfico?

Como já mencionamos, uma tabela pode ser usada para reportar números exatos, ou para ilustrar determinada tendência. Mas quase sempre uma tendência é mais bem ilustrada com uma figura. Temos a seguir um exemplo do que quero dizer.

Em seu tempo, a tabela a seguir (10.3) continha dinamite médica. Ela apresentava os resultados de um estudo que demonstrava, pela primeira

Tabela 10.3: Excreção de ácido 7α-hidroxi-5, 11-dicetotetranorprostano-1, 16-dioico em sujeitos aos quais se administraram analgésicos. Indometacina (a, 4x50 mg/24 h [...] dada como indicado pelo asterisco.

	Quantidade de metabólito (mg/24h)						
Sujeito	Dia 1	Dia 2	Dia 3	Dia 4	Dia 5	Dia 6	Dia 7
Ia	4,8	4,8	1,8*	1,1*	1,5*	2,7*	4,1
IIa	3,9	4,4	0,7*	0,7*	0,7*	3,1*	6,5
IIIa	3,8	3,0	0,3*	0,3*	0,3*	0,8*	1,1
[etc.]							

Fonte: Tabela parcial reproduzida, com autorização, de Hamberg, *Biochemical and Byophysical Research Communications*, 1972.

vez *in vivo*, que determinadas substâncias anti-inflamatórias, tais como a indometacina ou a aspirina, inibem a síntese da prostaglandina. O resultado sensacional desse estudo está muito bem escondido entre os números dentro da tabela. Além do mais, o título não revela nada. E iniciar um título com um longo nome químico é de matar; *Metábolito de prostaglandina* teria sido mais que suficiente; o nome químico completo deve vir na seção de métodos.

Temos aqui (tabela 10.3) apenas parte da tabela que inclui os resultados de três sujeitos aos quais se está administrando indometacina. Transformei essa parte em um gráfico (figura 10.1) para mostrar mais claramente o efeito dramático da indometacina.

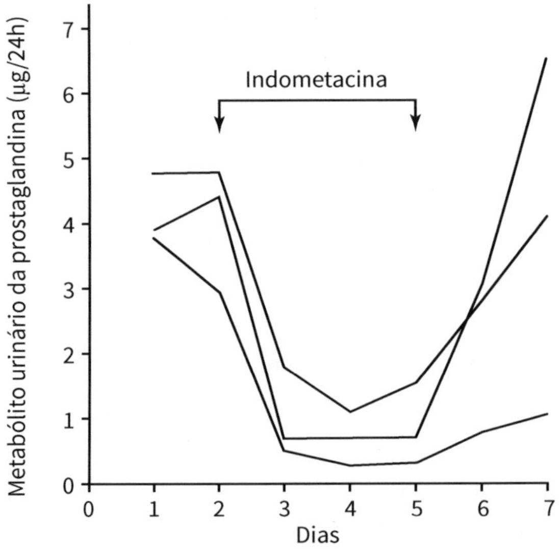

Figura 10.1: Excreção urinária de um metábolito de prostaglandina diminuído segundo a administração de indometacina em três humanos.

Observe que os dois eixos da figura 10.1 não estão separados, por que os zeros são usados para demarcar o ponto em que os eixos se encontram. Veja também que a legenda já traz a mensagem da figura.

A seguir, mostrarei como desenhar uma tabela. Apresentar todos os detalhes no texto corrido seria muito entediante para você. Em vez disso, organizei as instruções em forma de nota em torno de uma tabela imaginária. Com exceção das notas de rodapé, o texto da tabela é *Era uma vez*, digitado repetidas vezes. Desse modo, você pode se concentrar no leiaute sem se deixar distrair pelo conteúdo do texto.

Digitar a tabela

O Documento de Vancouver (2002) recomenda que notas de rodapé sejam indicadas com os símbolos superescritos *, †, ‡, §, ‖, ¶, **, ††, e assim por diante – e essa é uma das poucas recomendações do Documento I das quais discordo. Neste livro, usei a sequência mais simples a, b, c etc., que é cada vez mais utilizada em publicações biomédicas.

Se várias abreviaturas ou símbolos forem usados em uma tabela, todas podem ser coletadas e definidas em uma nota de rodapé geral apensa ao título da tabela (CBE, 1994: 686).

Apenas três linhas cheias; sem linhas verticais

Tabela 10.4: Era uma vez[a]

	Era uma vez		
	Era	uma	vez
Era	(xx)	(xx)	(xx)
Era	xxx	xxx	___[b]
Era uma[c]	xxx	xxx	xxx
Era uma vez	xxx	xxx	xxx

[a] Dados são expressos como médias (SD), exceto quando se diga que não. Hb denota hemoglobina, CGV, contagem de glóbulos vermelhos e CGB, contagem de glóbulos brancos.

[b] Nenhuma medida feita.

[c] Média (amplitude interquartil).

Linhas quebradas identadas (pelo menos 5mm) e em espaçamento simples (a única exceção para espaço duplo em um manuscrito).

Sob a primeira tabela em um artigo, todas as abreviaturas sejam explicadas, sem precisar repeti-las sob as tabelas subsequentes, onde a seguinte nota de rodapé basta: "Abreviaturas na tabela 1".

11
Título

Para cada leitor que lê um artigo científico inteiro, cerca de 500 pessoas leem apenas o título (Kerkut, 1983). Uma maneira de melhorar esta estatística poderia ser fazer títulos declarativos com a inclusão daquilo que o artigo diz, não apenas daquilo que ele aborda.

Sempre que possível, use um título declarativo em vez de um título neutro

Este título é neutro:

> Influência da aspirina na síntese de prostaglandina no megacariócito humano.

John Vane, no seu artigo clássico publicado na *Nature*, em 1971, afirmou isso mais expressivamente:

> Inibição da síntese de prostaglandina como mecanismo de ação de drogas como a aspirina.

(Em 1988, Vane recebeu um Prêmio Nobel em reconhecimento de sua descoberta. Vane nos disse como a aspirina alivia a dor.)
O título declarativo a seguir foi extraído das ciências biológicas (Marvin, 1964):

> Aumento dos pássaros.

Goodman *et al.* (2001) recomendavam que o propósito do estudo também deve ser incluído no título, como a seguir (Lee *et al.*, 1995):

Melhoria de sobrevivência em doenças de células falciformes homozigóticas: lições de um estudo de coorte.

Contudo, a formulação a seguir *não é* recomendável (Quesada *et al.*, 1995):

Danos às folhas diminui a produção de pólen e impede a polinização da Cucurbita texana.

Será que os autores realmente pretendem afirmar que o problema está resolvido de uma vez por todas? O próprio trabalho que estão apresentando deveria ser referido no passado:

Danos às folhas diminuiu... e impediu...

Essa maneira de usar um verbo em um título transforma-o em uma sentença. E isso é mais forte do que usar uma frase, de certa maneira, forte demais.
Contudo, num estudo descritivo, você precisa usar um título neutro (Kitin *et al.*, 2004):

Anatomia da rede de vasos dentro e entre os três anéis da *Fraxinus lanuginosa* (*Oleaceae*).

Títulos que terminam num ponto de interrogação

Cientistas geralmente tinham a revista à mão quando passavam os olhos pelo sumário, podendo ir direto à página do artigo. Atualmente, a maioria dos cientistas passa os olhos por listas de títulos em uma tela de computador, mas frequentemente são incapazes de acessar o artigo e, às vezes, nem mesmo o resumo. Portanto, em vez de um título em forma de pergunta como este (McWhorter e Martinez del Rio, 2000):

A função intestinal limita a ingestão de alimentos do beija-flor?,

o leitor agradecerá se a resposta lhe for dada desde o início:

Limitação da ingestão de alimentos do beija-flor pela função intestinal.

Uma resenha de artigo pode, porém, ter um título em formato de pergunta, porque alguns artigos resenhados dizem uma coisa; outros, o contrário. O título de uma minirresenha publicada na *Nature* (Pitnick *et al.*, 1995) para, possivelmente, cobrir todas ou a maioria das facetas do debate é, por exemplo:

> Qual o tamanho de um esperma gigante?

Comece com palavras-chave

O título a seguir não diz, até as palavras conclusivas, que doença estava sendo estudada. Logo, um leitor, na pressa de se inteirar lendo o sumário, pode não ter tempo hábil para descobrir do que se trata.

> O efeito do felodipino antagonista de cálcio na pressão arterial, na frequência cardíaca, na capacidade de trabalho, na atividade da renina plasmática, na angiotensina plasmática II, nas catecolaminas urinárias e na aldosterona em pacientes com hipertensão essencial.

Quando as palavras-chave são registradas no início do título, fica imediatamente claro que doença está sendo estudada:

> Hipertensão essencial: o efeito do...

Use verbos em vez de substantivos abstratos

Vejamos a seguinte maneira habitual de formular um título:

> Tratamento da síndrome do ovário policístico,

mas se você transformar o substantivo em um verbo, tornará a sentença mais dinâmica:

> Como tratar...

Evite abreviaturas no título

Em *The Lancet* (1993), que nos pede para evitar abreviaturas em títulos, vi a seguinte chamada para um editorial (o editor negou que fosse uma brincadeira):

> OCs o-t-c?

Escrito por extenso, isso significa: "Oral contraceptives over-the-counter?" ["Contraceptivos orais sem receita?"] ou, em outros termos, as farmácias podem vender contraceptivos orais sem receita médica?

Reconhecidamente, eu li esse editorial porque o título ininteligível me prendeu a atenção. Desse modo, esse caso poderia ser tido como exceção à regra de ouro, não usar abreviaturas no título.

É claro que você pode usar as abreviaturas e símbolos que sejam mais conhecidos que as palavras que elas substituem, como DNA e pH. Contudo, em caso de dúvida, use tanto o termo por extenso quanto sua abreviatura, como no título a seguir (Stockdale, 2000):

> Material contaminado causou a doença de Creutzfeldt-Jakob (DCJ) em algumas crianças subnutridas tratadas com o hormônio do crescimento (HC).

Um título para sua tese

Vi em *JAMA* o seguinte título, composto de uma chamada principal para o aspecto mais amplo e um subtítulo contendo os detalhes (Hodgen, 1981):

> **Diagnóstico pré-natal e tratamento das malformações do esqueleto do feto**
> com ênfase em cirurgia do útero para defeitos do tubo neural e regeneração do botão dos membros.

Esse tipo de título poderia ser útil para sua tese doutoral: o *título principal* para não especialistas, incluindo seus parentes, vizinhos e amigos; e o *subtítulo específico* para especialistas no campo.

Título de cabeçalho

Como um auxílio para os leitores, a maioria das revistas científicas imprime um título no cabeçalho ou no rodapé de cada página ou nas páginas ímpares. Desse modo, se uma revista for aberta na metade de um artigo, o leitor saberá do que ele trata.

Como seu título principal provavelmente será mais longo do que o limite estabelecido para o cabeçalho, forneça (no frontispício do manuscrito) uma versão abreviada. Ao fazer isso, concentre-se nas palavras-chave, como fizeram os autores desse título de um artigo publicado em *Obstetrics & Gynecology* (Lopez-Jaramillo *et al.*, 1997):

> Suplementação de cálcio e o risco de pré-eclâmpsia em grávidas adolescentes equatorianas

assim sintetizado:

> Suplementação de cálcio reduz pré-eclâmpsia.

Todavia, como observado antes, a apresentação dos resultados no artigo em questão deveria estar no *pretérito*, portanto, "redu**ziu**"; o tempo *presente*, "redu**z**", é usado para conhecimento estabelecido.

Um participante dum curso, ao ouvir meu conselho relativo a esses princípios, perguntou: "Você está mesmo dizendo que Tjio e Levan [que descobriram que nós temos 46 cromossomos, não 48] deveriam ter intitulado seu artigo 'O número de cromossomos humanos ***era*** 46'?" Claro que não! Isso seria enganar completamente o leitor. Esse é um exemplo ilustrativo da regra nº 1 da escrita de um artigo científico: o bom senso do autor deve sempre ter a primazia sobre os princípios de autoridade. No cabeçalho aqui discutido, contudo, o tempo pretérito "reduziu" é aceitável.

> O cálcio reduziu o risco de pré-eclâmpsia.

Atenção! Enfatizei "o risco de", porque uma doença não pode ser reduzida – apenas sua frequência, grau de dificuldade, ou ambos.

12
Autores

Quem pode ser um autor? Precisamos discutir essa questão delicada.

Diretrizes para atribuição de autoria

Poucos cientistas estão integralmente a par das diretrizes para atribuição de autoria definidos nas recomendações do ICMJE (International Committee of Medical Journal Editors: www.icmje.org). E mesmo quando conhecidas, elas são quase sempre ignoradas, por serem consideradas muito restritivas. O ICMJE recomenda que a autoria esteja baseada nos quatro critérios a seguir (reproduzidos *verbatim* em maio de 2015):

(1) Contribuições substanciais para a concepção ou o desenho do trabalho; aquisição, análise ou interpretação dos dados para o trabalho.
(2) Rascunhar o trabalho ou revisá-lo criticamente no que se refere à relevância do conteúdo intelectual.
(3) Aprovação final da versão que será publicada.
(4) Concordância em se responsabilizar por todos os aspectos do trabalho assegurando que questões relativas à precisão ou integridade de qualquer parte do trabalho estão apropriadamente investigadas e resolvidas.

Todas as quatro condições têm de ser cumpridas, o que implica que um habilidoso técnico de laboratório que se encarregue do necessário trabalho preliminar, ou um clínico que contribua com material de pacientes não precisa ser listado como um coautor. Então, quais são as orientações de autoria aplicadas no mundo real?

No mundo real da pesquisa, atualmente, a maior parte das investigações são feitas necessariamente por uma equipe. Cada membro contribui com diferentes talentos e habilidades. Independentemente da natureza de suas contribuições – intelectual (criativa) ou prática (fazendo os experimentos) – todos os membros da equipe usualmente recebem créditos de autoria. Os nomes também requerem algum tipo de ranqueamento. A posição mais proeminente, encabeçando ou fechando a lista, geralmente é ocupada pelo chefe da equipe (frequentemente o autor). Os coautores são então listados em ordem decrescente, para espelhar o quanto cada pessoa contribuiu com o trabalho. Minha experiência é que o líder da equipe é a pessoa mais indicada para decidir essa distribuição de créditos. Ele ou ela estarão ansiosos para manter os colaboradores na equipe em ensaios futuros e, portanto, têm interesse pessoal em fazer uma justa distribuição.

Então, os colaboradores sempre ficam felizes com a distribuição de créditos? Geralmente não, porque muitos deles tendem a superestimar sua contribuição pessoal. Quando autores de um artigo multiautoral foram chamados a avaliar sua própria contribuição, a contribuição total chegou a 300% (Broad, 1981)!

Mesmo assim, a introdução de uma seção de créditos estabelecendo exatamente o que cada pessoa fez no estudo – um pouco como nos créditos de filmes – provavelmente tornará o *ranking* de autores menos importante. Uma abordagem dessas foi sugerida numa conferência sobre autoria em Nottingham, Inglaterra, em 1996 (Godlee, 1996). Desde então, a proposta foi adotada pelas principais revistas científicas, tais como *BMJ, JAMA, The Lancet.* Elas trazem a lista ao final do artigo, sob a rubrica "Colaboradores".

Lista de colaboradores

Aqui está um exemplo de *The Lancet* que destaca a contribuição de um estudante de pós-gradução (Tønnes-Pedersen *et al.*, 1997). O título do artigo, assinado por seus autores, afirma:

> **Terapia de reposição hormonal e risco de acidente vascular cerebral leve**
> Anette Tønnes-Pedersen, Øjvind Lidegaard, Svend Kreiner, Bent Ottesen.

E, a seguir, parte da lista de colaboradores:

> Anette Tønnes Pedersen realizou o estudo, como parte de seu projeto de doutorado, e foi responsável por todas as partes do projeto de pesquisa, incluindo a escrita do artigo. Øjvind Lidegaard foi o responsável pelo esboço inicial do estudo... Svend Kreiner fez as análises estatísticas... Bent Ottesen foi o responsável pela supervisão geral...

Logo, Tønnes-Pedersen fez tudo o que se poderia esperar de uma estudante de pós-graduação e, na seção dos colaboradores, teve a oportunidade de dizer isso.

Os leitores também tirarão proveito dessa lista. Eles acharão mais fácil identificar qual pessoa contatar para discutir algum aspecto do artigo ou para solicitar um reagente.

Mesmo que a revista na qual você pretende publicar ainda não tenha adotado o conceito de "colaborador", comece a incluir a lista de colaboradores em seu manuscrito. O editor adoraria — e isso ainda daria força à ideia.

Mas não seja exageradamente detalhista. Em *The Lancet* (1997), eu vi a seguinte declaração na lista de colaboradores de um relatório acerca de usar questionários de pesquisa (sobrenome fictício):

> ... Isabel Moe... pôs no correio as cartas e os questionários...

Pergunta de um estudante sobre coautoria

Aqui está uma pergunta dum participante de curso a respeito da coautoria:

> Um estudo multidisciplinar incluía, entre muitas outras coisas, uma avaliação psiquiátrica de grupos de pacientes, de acordo com um protocolo fixo. O psiquiatra era coautor de vários artigos. Deveria ele ser listado como coautor também em todos os artigos futuros baseados em análises posteriores do material — mesmo que não tenha tomado parte, em nenhum aspecto, da produção?

Não tenho essa resposta. Mas vamos considerar o problema por ambos os lados, o do psiquiatra e o seu próprio.

Sem a avaliação profissional dos pacientes feita pelo psiquiatra, algo que aparentemente não é um trabalho de rotina, você não teria material para analisar nem resultados a relatar. Talvez você deva listá-lo como coautor e ainda pedir a ele que cheque os manuscritos. Ele pode até vir a contribuir com ideias valiosas para partes dos artigos relacionadas com seu campo de especialidade.

Por outro lado, você pode sentir honestamente que o psiquiatra já recebeu os devidos créditos pelos procedimentos. E também acredita não mais necessitar da especialidade dele. Nesse caso, nos próximos artigos, você pode mencioná-lo nos agradecimentos. O que também significa que o psiquiatra pode, por sua vez, escrever um artigo baseado nesse material numa perspectiva psiquiátrica – e, em retorno, mencionar você nos agradecimentos que fizer.

Uma terceira maneira poderia ser você falar da situação com o psiquiatra. Mas, aparentemente, essa saída está bloqueada; do contrário, você já a teria usado.

Essa discussão exemplifica o quão complicado pode ser decidir a questão da autoria.

Autor falecido

Aqui está outra pergunta: um coautor morreu antes da publicação; como mencionar isso? Resposta: registre a morte da seguinte maneira (ao lado da linha com o nome do autor):

> [a]Falecido.

Evite usar a cruz (†) ou o asterisco (*) como símbolo de nota de rodapé nesses casos.

13

Resumo

Ao escrever um resumo *provisório* num estágio inicial, você dará a si mesmo uma estrutura para o resto de seu artigo. Ela o guiará na decisão do que incluir e do que omitir, poupando-o, portanto, de uma reescrita tediosa. Depois, quando você tiver concluído o artigo, pode retomar o resumo provisório e dar-lhe sua forma final.

Vamos imaginar aqui *o que* incluir. Em ambos os tipos de resumo, tanto no convencional (desestruturado) quanto no formalmente estruturado, requer-se o mesmo para as quatro seções básicas: *pano de fundo* (incluindo o objetivo do estudo), *métodos, resultados* e *conclusões.*

Resumo convencional

No resumo convencional, os quatro componentes básicos não são identificados com títulos explícitos, o que pode explicar por que alguns autores perdem partes vitais. No pior dos casos, o resumo não contém pano de fundo nem conclusão. Muitos resumos escritos de maneira convencional são desinformativos e dão aos editores muito mais trabalho editorial do que o necessário. O resumo a seguir, extraído de um artigo publicado em *Contraception*, começa diretamente com o método:

> RESUMO
> 80 ratas Wistar são usadas neste trabalho. Elas foram homogeneamente divididas em quatro grupos...

A maioria das revistas que registra estudos de laboratório usa o resumo convencional, e geralmente utiliza os relatos de caso e comunicações breves. Contudo, as revistas clínicas geralmente exigem um resumo estruturado para os artigos completos.

Resumo estruturado

O resumo estruturado difere do resumo convencional por apresentar um título para cada seção. Vejamos um resumo desses do clássico "The Chromosome Number of Man", de Tjio e Levan (1956). O artigo foi publicado antes de as seções de resumo terem se tornado de uso generalizado. Portanto, baseando-me no conteúdo do artigo, compus um resumo estruturado, tentando mostrar o que poderia ter sido incluído.

> **Pano de fundo.** Geralmente se aceita que o número de cromossomos em humanos é de 48. Mas contar cromossomos tem sido difícil, visto que eles se amontoam e se recobrem parcialmente. Neste estudo, células em cultura foram tratadas com soluções que isolam os cromossomos, facilitando sua contagem.
> **Métodos.** Culturas de células do pulmão embrional humano foram tratadas tanto com colchinina quanto com uma solução hipotônica.
> **Resultados.** De 265 mitoses contadas, todas, exceto 4, tinham o número cromossômico de 46.
> **Conclusão.** Os resultados sugerem que o número cromossômico em humanos é de 46, não de 48.

A primeira frase de um resumo é a frase de abertura do manuscrito. Ela tem de prender a atenção do leitor, como a frase a seguir, publicada em *The Lancet* (Jha, 2006):

> **Pano de fundo.** Nascem cada vez menos meninas na Índia.

Entende-se que o *pano de fundo* inclui o propósito do estudo, *i.e.*, o *objetivo*. A maioria das revistas agora troca *pano de fundo* por *objetivo* apenas. Em algumas revistas, a seção *métodos* está dividida, por exemplo, em *projeto*, *configuração*, *pacientes*, *intervenção* e *medição*. Se a revista na qual você vai publicar exigir um resumo estruturado, as instruções para os autores dirão que títulos usar.

O resumo estruturado tem sido criticado. Ele é mais longo que o resumo de formato padrão. Seu estilo imposto pode ser uma camisa de força restritora do autor, um inibidor da criatividade. Sua uniformidade rígida pode entediar o leitor.

Essas objeções devem ser claramente levadas em conta, mas as vantagens do resumo estruturado sobrepujam sua maior extensão e o esforço extra necessário para prepará-lo. De fato, o resumo estruturado transmite informação tão precisa e eficientemente que os leitores podem até mesmo ser dissuadidos de continuarem lendo o artigo. E essa não é nunca a intenção.

Por fim, se não puder evitar uma abreviatura no resumo, você deve explicá-la, pela razão de que o resumo figurará sozinho nos cadernos de resumo. Pela mesma razão, se você estiver convicto de que seu resumo deve incluir referência a uma obra representativa, dê a referência completa.

14
Introdução

Michael Crichton, autor de *Jurassic Park* e de outros *best-sellers*, tem formação médica. Certa vez, ele escreveu a seguinte introdução a um artigo publicado na *New England Journal of Medicine* (1975):

> A maioria das comunicações médicas é de difícil leitura. Para determinar por quê, foram estudadas contribuições a três números da *New England Journal of Medicine*, cuja prosa foi analisada.

A primeira frase de Crichton desperta o interesse. Ela está sucintamente escrita, apenas nove palavras. A seção inteira é curta — apenas três linhas de extensão, sem que palavra alguma precise ser acrescentada. A seguir, outra introdução perfeita a um artigo publicado na *BMJ* (McGarry, 1994):

> Sangramentos nasais em adultos são a causa mais comum de entrada emergencial em ambulatórios de otorrinolaringologia, mas a causa do problema continua desconhecida[1]. Relatos de casos sugerem uma associação entre sangramentos nasais e alto consumo regular de álcool[2-5]. Nós fizemos um estudo prospectivo de caso-controle para comparar os hábitos de consumo de álcool de adultos com sangramentos nasais com os controles sendo tratados por outras doenças otorrinolaringológicas.

Estas introduções, como muitas outras introduções bem escritas, contêm uma rápida descrição de dois itens:

(1) o problema;
(2) a solução proposta.

Todavia, por vezes, as primeiras poucas sentenças contêm afirmativas gerais, até mesmo insípidas, como no exemplo a seguir, extraído de um manuscrito em preparação apresentado por um participante de um de meus cursos:

> Doenças respiratórias são problemas de saúde importantes em todo o mundo e frequentemente levam a morbidades e morte.

Platitudes do tipo devem ser omitidas sem dó, assim como também devem sê-lo as palavras vazias da próxima sentença. O autor só vai direto ao ponto na terceira frase:

> Importante fator de risco para o desenvolvimento da Doença Pulmonar Obstrutiva Crônica (DPOC) é o hábito crônico de fumar cigarros (1).

Aconselhei o autor a começar a introdução com a terceira sentença. A referência (1) deve estar remetendo à resenha de um artigo cuidadosamente escolhida descrevendo o problema.

Você provavelmente precisará de mais do que duas ou três frases para sua introdução, mas ela deve preferencialmente não exceder uma página (digitada em espaço duplo). Alguns tópicos podem exigir mais espaço, como ciência ocupacional, ética médica, enfermagem e assistência médica. Siga a atual versão das “Instruções aos autores”.

Se já tiver publicado antes parte do trabalho, desde que não tenha sido na forma de um resumo para congresso, você tem de dizer isso em poucas palavras ao final da introdução.

15
Métodos

Métodos geralmente são mais bem descritos na medida em que forem sendo usados. Por isso, na frase a seguir, extraída de um manuscrito em preparação, ajudaria se você invertesse a ordem de apresentação, de

> Crescimento celular interrompido com colchinina depois da incubação por 65-70 horas a 37°C.

para:

> Depois de incubar células por 65-70 horas a 37°C, seu crescimento foi interrompido com colchinina.

A menos que um método anteriormente publicado seja de conhecimento geral, o leitor agradecerá conhecer suas características essenciais. Por isso, uma figura de referência pode ser perfeitamente considerada inadequada, como no exemplo a seguir, extraído de um manuscrito em preparação:

> O volume renal foi medido como previamente descrito[3].

Faltou muito pouco a acrescentar para dar ao leitor o quadro amplo do método (texto revisado em itálico negritado):

> O volume renal foi medido ***com um aparelho de ultrassom contendo um programa de medição de volume embutido***[3].

Contudo, um novo procedimento tem de ser descrito com detalhes suficientes para permitir a cientistas treinados replicarem a investigação. Para o escritor iniciante, pode ser bem difícil encontrar o meio-termo entre excesso e carência de informação; quase sempre, o iniciante pende para o lado do excesso. Um colega experiente pode ajudar a remover o excesso de detalhe.

Sujeitos de pesquisa

Vi uma vez um aviso colado numa porta convocando voluntários – mulheres não fumantes em perfeita saúde, com idade entre 55 e 60 anos – para participarem de um estudo sobre o efeito do estrogênio na circulação sanguínea nos membros inferiores. A porta levava de um grande estacionamento de bicicletas (reservado a funcionários do hospital) para o *hall* do elevador. Num relatório posterior desse estudo, cada um desses detalhes tinha de ser relatado, porque mulheres ciclistas dessa faixa etária podem não ser representativas dos pacientes dos médicos leitores – especialmente no que se refere ao tópico principal do estudo, circulação sanguínea nos membros inferiores.

De fato, a maioria dos médicos que vão ler seu artigo se perguntarão: "Isso se aplica a meus pacientes?". Para avaliar isso, eles precisam saber exatamente a origem das participantes e os detalhes dos critérios de inclusão e de exclusão do estudo. Se você não estiver seguro de como apresentá-lo, recomendo como modelo a seção "Recrutamento de sujeito e critérios de inscrição" em um artigo sobre o tratamento de resfriado em crianças, publicado em *JAMA* (Macknin *et al.*, 1998).

Consentimento informado

Antes de os comitês de ética se tornarem obrigatórios, os professores de metodologias de pesquisa, incluindo a questão de obter consentimento informado, poderiam ouvir o seguinte comentário feito por participantes do curso: "Mas se você pedir, os sujeitos de pesquisa podem dizer 'não'" (Holmes, 1997).

Sim, podem. Quando os pacientes têm liberdade de escolha, poucos estudos atingem uma taxa de 100% de consentimento. Desse modo, se você estiver escrevendo a frase tantas vezes lida: "Todos os pacientes deram consentimento informado", pense duas vezes. Provavelmente você está se referindo apenas aos pacientes que já estavam inscritos no estudo. Se esse for o caso, diga!

Se, por outro lado, você estiver se referindo a todos aqueles pacientes que atenderam aos critérios de inscrição (os assim chamados pacientes *elegíveis*), então o leitor pode de repente estar interessado em saber se os pacientes realmente estavam informados dos possíveis efeitos colaterais do experimento e se receberam uma cópia do formulário de consentimento informado.

Normalmente, o texto seguinte pode ser suficiente, mesmo curto (Jha *et al.*, 1998):

> Os pacientes foram informados do objetivo do experimento e assinaram o termo de consentimento informado no ato da inscrição,

desde que o formulário tenha comunicado por escrito os possíveis efeitos colaterais.

Depois, na seção de resultados, aponte quantos pacientes se recusaram a participar. Se você souber as razões por eles alegadas para isso, elas também devem ser reportadas. Mas, lembre-se, pacientes são livres para dizer "não" sem ter de dar explicações.

Vamos agora olhar mais de perto um tipo particular de estudo, o experimento controlado randomizado. Quando corretamente conduzido, ele é o modo mais confiável de tratamentos comparativos. Mesmo assim, relatórios de tais experimentos frequentemente omitem características importantes do desenho do estudo. Precisamos considerar algumas delas.

Omissões nos relatos de experimentos randomizados controlados

Randomização

Randomização quer dizer: os sujeitos são alocados por acaso (aleatoriamente) em grupos de tratamento e de controle. Mas é inadequado apenas dizer que o estudo foi randômico, sem dizer como. O motivo é que todos os métodos de randomização podem ser objeto de manipulação consciente ou inconsciente por parte dos pesquisadores, num grau que varia de um método para outro. Os dois métodos considerados mais confiáveis são os seguintes: um telefonema para um centro independente por meio de um "cara ou coroa" computadorizado; e o uso de envelopes cuidadosamente preparados (selados, opacos, idênticos e com numeração seriada). Procedimentos mais fáceis de manipular são casos alternados, datas de nascimento pares e ímpares, ou números de arquivos. Eles têm de ser evitados. Então, para avaliar adequadamente o experimento, o leitor precisa saber como a atribuição foi feita, como no seguinte exemplo (European Carotid Surgery Trialists' Collaboration Group, 1998):

> Randomizamos... em telefonema à Unidade de Atendimento Clínico em Oxford. Um programa de computador gerou o cronograma de randomização... impossibilitando que os pesquisadores locais soubessem se a próxima alocação seria cirurgia ou controle.

Método cego

Especifique o método *cego* usado. Por exemplo, quando três partes estão envolvidas – o paciente, o médico assistente e o avaliador – alguns designam o estudo *triplo cego*, outros, *duplo cego*. E o que é que está implicado no termo *duplo cego* no artigo intitulado "Estudo duplo cego... em... ratos", publicado em *Acta Chirurgica Belgica* em 1978? (Esse estudo não teve avaliador.)

Além disso, como podemos indicar cegueira num estudo no qual apenas os avaliadores estão ocultos, como foi o caso no famoso experimento com estreptomicina no tratamento da tuberculose pulmonar (Medical Research Council, 1948)? O termo *cego* não foi sequer mencionado no artigo, que descrevia meramente o que fora feito:

> Os raio-X foram examinados por dois radiologistas e um clínico, cada um lendo os exames independentemente e sem saber se eles eram de casos C [controle] ou E [estreptomicina]. Houve perfeito acordo entre os três; em uma sessão final, eles se encontraram para rever e discutir os exames nos quais houve diferença de interpretação, e sem a menor dificuldade chegaram a um acordo sobre todos os raios-x.

Este é um relato cuidadoso de como o exame cego foi realizado.

Tamanho da amostra

Antes de começar a investigação, calcule o tamanho da amostra necessário para demonstrar a diferença, se ela existir. Esse cálculo pode ser reportado. Veja um exemplo de um estudo sobre cura de feridas nos membros inferiores, publicado em *BMJ* (Morell *et al.*, 1998):

> *Tamanho da amostra*
> Para ter cerca de 80% de chance de detecção de um aumento significativo (no nível de 5%) de cura de 50 a 70%, são necessários 206 pacientes.

Contudo, o número de pacientes necessários em determinado estudo está ligado ao número de pacientes que completam o teste, e não ao número que o inicia. É aconselhável acrescentar uma taxa, digamos, de 10% de desistência:

> Para permitir uma taxa de 10% de desistência, foram admitidos 230 pacientes.

O cálculo do tamanho da amostra é parte tão fundamental do projeto de estudo que merece um subtítulo à parte.
Demos uma rápida olhada nos estudos animais. Um exemplo de um belo projeto de estudo para teste em cães com fístulas perianais foi relatado por Mathews e Sukhiani (1997) no *Journal of the American Veterinary Medical Association*. O número necessário de cães foi calculado e a alocação randômica dos cães para o tratamento foi descrita. Na maioria dos estudos sobre animais, essa informação não está disponível.

Diretrizes e lista de controle

Em 1994, dois grupos de especialistas publicaram de maneira independente listas de controle para o registro de experimentos randomicamente controlados. Dois anos depois, esses grupos produziram uma lista unificada, a CONSORT (Consolidated Standards of Reporting Trials, "Padrões consolidados de relatos de experiências"). Ela explica detalhadamente quais itens devem ser incluídos em um relato (Begg *et al.*, 1996; Moher *et al.*, 2001; CONSORT Website, 2001).
Desde então, várias diretrizes surgiram; talvez a mais útil de todas seja a QUATOR (Simera *et al.*, 2010). Embora essas diretrizes tenham sido geralmente pensadas para o campo da medicina, elas podem ter uma utilidade generealizada em muitas outras áreas.

16

Resultados

Visto que o relatório de experimentos randomicamente controlados cobre a maioria dos aspectos dos *princípios* da escrita científica, eu o usei como modelo deste capítulo. Essa abordagem nos poupa de uma repetição tediosa. Por isso este capítulo tem duas partes: o fluxo de participantes e seu acompanhamento e o resultado do estudo.

Fluxo de participantes e acompanhamento

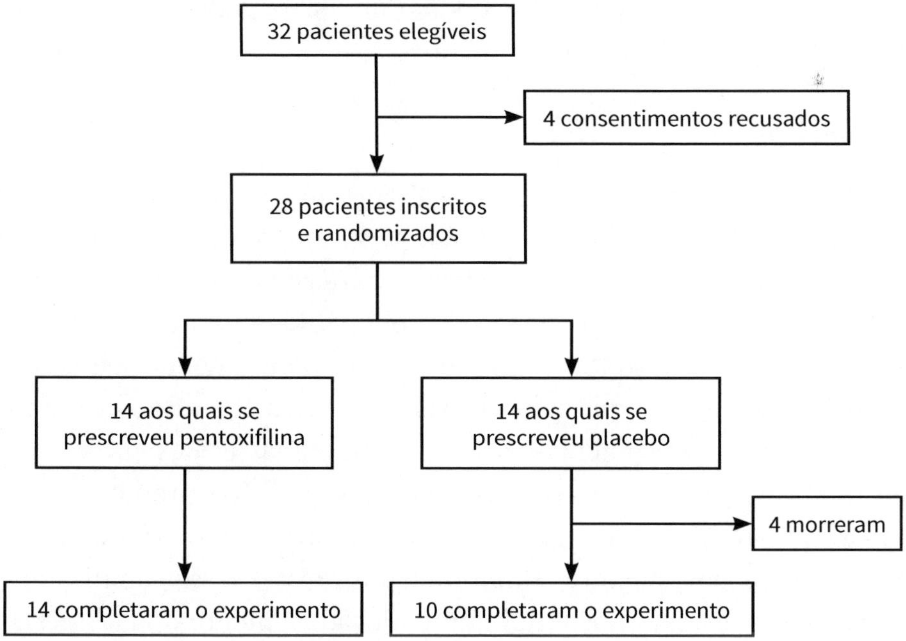

Figura 16.1: Perfil do experimento (reproduzido, com permissão, de Silwa *et al.*, *The Lancet*, 1988).

Este fluxograma aparentemente correto (16.1) teria sido ainda mais informativo se tivesse incluído duas células adicionais acima da primeira, dando os números de pacientes examinados e excluídos. Vejamos parte de um fluxograma com essas informações.

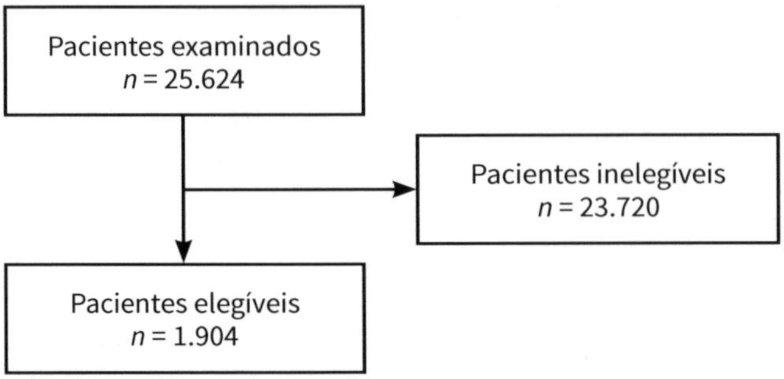

Figura 16.2: Parte de um fluxograma mostrando que nada menos de 93% dos pacientes examinados foram excluídos (reproduzido, com permissão, de TOAST Investigators, *The Journal of American Medical Association*, 1998).

Apenas 1.904 dos 25.624 sujeitos potenciais foram selecionados. É útil ter essa informação no caso de você pretender fazer um estudo de confirmação. No texto principal desse artigo, as razões para a exclusão foram dadas em pormenor. Tais dados podem ajudar os leitores a avaliarem o viés potencial na seleção dos pacientes.

Desistências

Uma alta taxa de abandono (digamos, 15% ou mais) pode invalidar as conclusões do estudo (Lang e Secic, 1977: 24). O número de desistências e suas razões de abandono devem ser reportados para cada grupo separadamente. Além disso, as desistências devem estar incluídas na análise do estudo em uma base "intenção-de-tratar". Isso é frequentemente negligenciado e pode ter como consequência um relatório incorreto. Se você simplesmente ignora as desistências e se, por exemplo, a razão para a exclusão delas são principalmente os efeitos colaterais do novo tratamento testado, então a comparação decorrente tenderia em favor desse tratamento. Portanto, todos os participantes randomizados deveriam ser analisados nos grupos em que estavam originalmente alocados, incluindo até mesmo os pacientes que não receberam o tratamento proposto, bem como aqueles que, por algum motivo, receberam subsequentemente o tratamento do grupo alternativo. O uso da análise de intenção de tratar deveria ser indicado no fluxograma, por exemplo, em cada um dos modos seguintes.

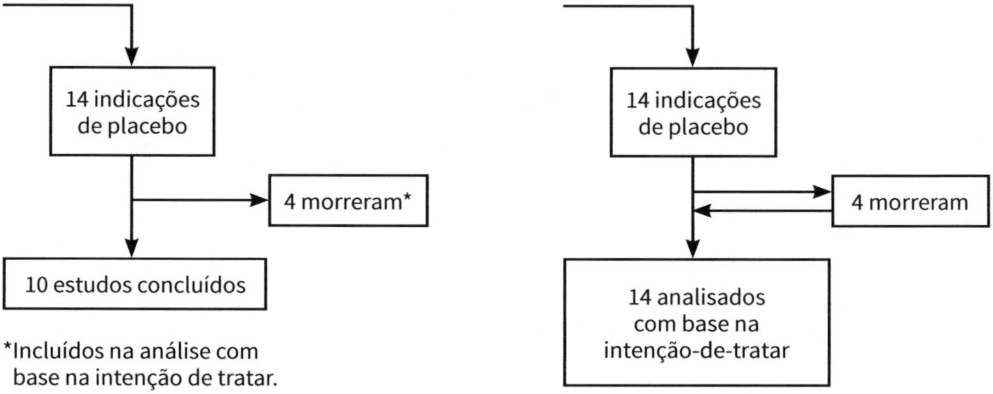

Figura 16.3: Exbições alternativas do braço direito da figura 16.1 para indicar a análise com base na intenção-de-tratar.

Perda de participantes para acompanhamento

Participantes que completaram o tratamento, mas que não estão disponíveis para o acompanhamento, tendem a ser criticamente atípicos. Pode se tratar de pacientes que não retornaram porque se recuperaram, ou por terem ido a óbito, ou por ainda estarem doentes, não querendo desestimular o médico com um resultado insatisfatório. Descreva as características deles nas condições em que se apresentaram no último exame.

Detalhes dos participantes randomizados

Num manuscrito em preparação, vi uma descrição detalhada do grupo de estudo, mas os controles eram apresentados nos seguintes termos:

> Um grupo de controle composto de 16 voluntários saudáveis foram submetidos ao experimento da mesma maneira.

Essa parca apresentação dos controles foi o principal motivo da rejeição do artigo. Os controles devem ser descritos tão completamente quanto os sujeitos do grupo tratado ou exposto, como na tabela a seguir, extraída de um estudo sobre a duração da gravidez após a conização do colo do útero.

Tabela 16.1: Características clínicas

Características	Casos (*n* = 64)	Controles (*n* = 64)	*P*
Idade no parto	31,3±4,19	31,4±4,15	NS
Primeira gravidez	35 (54,7%)	33 (51,6%)	NS
Parto prematuro	2 (3,1%)	3 (4,7%)	NS
Abortos anteriores	7 (10,9%)	8 (12,5%)	NS
Abortos voluntários anteriores	4 (6,3%)	2 (3,1%)	NS
Pré-eclâmpsia	2 (3,1%)	1 (1,6%)	NS
Parto vaginal operatório	13 (20,3%)	12 (18,8%)	NS
Parto cesariano	9 (14,1%)	16 (25,0%)	NS

NS = não significativo
Os dados apresentados como significando ± desvio padrão ou n (%).
Fonte: Reproduzido, com permissão, de Raio *et al.*, *Obstetrics & Gynecology*, 1997.

Contudo, seja cuidadoso ao comparar características essenciais com o uso de testes estatísticos. Um desequilíbrio menor num fator prognóstico chave pode ter um efeito profundo em uma comparação de tratamentos, mesmo quando o desequilíbrio seja "não significativo". Uma testagem de significância pode, então, disfarçar um desequilíbrio importante. Logo, em acréscimo à testagem estatística (alguns especialistas dizem "em vez da testagem estatística"), compare as características de base com o uso da experiência clínica – e com o senso comum (Altman, 1985; Bailar, 1986). Depois, informe no texto principal o que você descobriu. Os valores de *P* podem, portanto, ser omitidos dessa tabela e registrados no texto principal com, por exemplo:

> Não houve diferenças *clinicamente* significativas entre os grupos em suas características de base.

Resultado do estudo

Tente não repetir enfadonhamente no texto o que já fica claro com uma leitura das tabelas e gráficos. O texto deve enfatizar as observações importantes e apresentá-las em ordem decrescente de interesse, começando com a descoberta principal. Tabelas e textos são usados para reportar os detalhes do resultado. O texto a seguir repete o conteúdo da tabela:

> Como mostra a tabela 1, a média ± SD das concentrações de melatonina plasmática noturna era de 19,0 pg/mL ± 11,9 nos 6 pacientes no grupo suicida e de 45,5 pg/mL ± 27,1 nos 22 controles (*P* < 0,05).

Essa repetição é desnecessária. Simplesmente afirme o ponto principal:

> Pacientes com histórico de tentativa de suicídio apresentam concentrações significativamente mais baixas de melatonina plasmática noturna do que os controles (*P* < 0,05) (tabela 1).

Um valor exato de *P* teria tornado a apresentação ainda mais informativa. A seguir, vejamos parte de uma tabela excelente que apresenta tanto intervalos de confiança quanto valores *P* exatos, possibilitando aos leitores, portanto, julgarem por si mesmos a importância clínica dos resultados.

Tabela 16.2: Resultado do tratamento

	Porcentagem de pacientes com resultado			
Resultado	Ciprofloxacina n = 60	Andinocilina n = 60	Diferença percentual (95% CI)	*P*
Sucesso clínico	48 (80%)	39 (65%)	15,0 (- 0,7 a 30,8)	0,10
Sucesso bacteriológico	60 (100%)	54 (90%)	10,0 (2,4 a 17,6)	0,03
[etc.]				

Fonte: Reproduzido, com permissão, de Salem *et al.*, *The Lancet*, 1998.

Seja cuidadoso ao relatar efeitos colaterais. Essa pode ser a parte mais importante do estudo. (Será que o remédio causa tamanha náusea, a ponto de os pacientes não o tomarem?) Portanto, descreva os efeitos adversos tão completamente quanto os efeitos benéficos. Se não foram registradas reações adversas, explicite isso.

17

Discussão

Ali pelo final da Segunda Guerra Mundial, o general Patton avançava com seus tanques contra as linhas inimigas. Mas ele recebeu de moto-mensageiros relatórios de inteligência de outras partes do *front*. Quando um mensageiro começava a ler o início do despacho, Patton quase sempre pedia que ele fosse direto ao ponto.

Do mesmo modo, leitores apressados passam rapidamente os olhos por artigos científicos em busca do parágrafo final da discussão. Por quê? Aparentemente porque é ali que o leitor geralmente consegue chegar a uma conclusão compreensiva dos resultados.

Mas não há uma forma universalmente aceita de como ordenar as várias partes que levam a uma conclusão. De modo que, para ajudar você, selecionei como modelo uma discussão especialmente bem ordenada em um artigo de Logan *et al.* (1993). Com base nisso, compus uma estrutura para a seção de discussão que pode ser usada como guia quando você a estiver escrevendo. Ela tem quatro partes: "Mensagem principal", "Avaliação crítica", "Comparação com outros estudos" e "Conclusões". Vamos discuti-las ponto por ponto.

Estrutura para a discussão

(1) **Mensagem principal**, uma resposta à pergunta feita na seção de introdução e que inclui a prova principal em que o estudo se apoia.

Muitas vezes, porém, o parágrafo de abertura de uma discussão recapitula pormenorizada e desnecessariamente o que já foi dito aos leitores duas vezes, uma no resumo e de novo, na seção de resultados, como no exemplo a seguir. (Imagine o general Patton tendo de ouvir isso!)

Discussão

Resultados da primeira fase deste estudo mostram que homens indicados para funções no Hospital Corpsman and Mess Management Specialist têm as mais altas taxas gerais de hospitalização no decorrer de uma carreira de trinta anos na Marinha. As taxas também são elevadas para os grupos de construção/manufatura, convés, artilharia e engenharia/casco, enquanto as taxas mais baixas dessas três décadas foram observadas no grupo de serviços gerais/técnicos, eletrônica e administrativo/religioso.

Agora, compare isto com o próximo exemplo com o qual Logan *et al.* (1993) abrem a discussão com uma resposta à questão exposta na introdução.

Discussão

Nossos dados confirmam a hipótese de que tomar aspirina ou outros remédios anti-inflamatórios não esteroides protege contra o desenvolvimento de câncer colorretal e sugere que isso acontece pela redução da prevalência de adenomas colorretais.

Ao verem isso, os leitores podem muito bem perguntar qual a validade dos argumentos do artigo. Logo, esse é o lugar exato para apresentar os pontos fortes e fracos do estudo.

(2) **Avaliação crítica**, ou seja, opiniões sobre quaisquer deficiências no desenho do *estudo*, sobre limitações de *método*, falhas em *análises* ou validade das *posições*.

Logan *et al.* (1993) deram primazia a essa parte tão importante do artigo ao lhe dar um título separado:

Viés e confusão

Viés ou confusão poderiam alterar esses achados? ...

Estejam convencidos pelos argumentos, ou ainda céticos, os leitores vão querer saber de que maneira os achados concordam (ou contrastam) com trabalhos anteriormente publicados.

(3) **Comparação com outros estudos**, momento em que se discutem as inconsistências.

Se você pretende discutir várias observações, comece com a mais significativa, siga com a segunda mais importante e vá em frente.

Então, começando com seu achado mais significativo, comece a comparação com estudos cujos resultados sejam amplamente consistentes com o seu próprio. Depois, avalie estudos menos compatíveis com o seu, e assim por diante. Conclua com alguns resultados que contradigam suas descobertas.

Todo o tempo, discuta semelhanças e diferenças. Se não conseguir explicar provas conflitantes, você pode sugerir como a discrepância pode ser resolvida por meio de uma nova experiência.

Tendo concluído uma comparação desse tipo, Logan *et al.* (1993) finalizaram a discussão em um parágrafo intitulado como "Conclusões".

(4) **Conclusões,** ou seja, comentários acerca de implicações biológicas ou clínicas prováveis e de sugestões para pesquisas posteriores.

> ... Os estudos agora precisam confirmar essas descobertas, determinar como medicamentos anti-inflamatórios não esteroides devem agir e, especialmente, ver se [tais] medicamentos podem prevenir a recorrência de adenomas ou até mesmo produzir a regressão de adenomas esporádicos.

Na próxima seção, apresentarei sugestões adicionais para a escrita da seção de discussão.

Avalie resultados — não autores

Pense nisso:

> Uma observação simples, mas arguta, foi feita no estudo de Gotemburgo de que havia alguma relação entre circunferência abdominal e infartos do miocárdio [tradução minha do original sueco].

Em minha opinião, a única coisa que esses pesquisadores fizeram foi usar uma fita métrica. Então, em que sentido isso foi arguto? Ler a fita métrica? E por que "simples, mas", em vez de "simples e", como se "simples" fosse algo negativo?". Eu eliminaria as primeiras oito palavras e diria: "O estudo de Gotemburgo mostrou que...".

Evite reivindicar prioridade

Certa vez, vi numa seção de discussão:

> Nosso estudo aparentemente é o primeiro no qual um método de cateter aberto foi aplicado ao estudo da motilidade tubal em primata.

Algum tempo depois, nas "Cartas ao editor", um leitor avisou que vários trabalhos semelhantes em humanos haviam sido publicados e classificou a reivindicação de prioridade de "pirataria intelectual". Como o estudo fora feito em macacos (*primatas* incluíam tanto humanos como macacos), o autor do artigo replicou:

> Obviamente, a citação a respeito de ser o primeiro estudo no primata é um claro equívoco. Devíamos... é claro ter dito *primata não humano.*

Segundo essa linha de raciocínio, a maioria dos estudos poderia se autodesignar "o primeiro", porque muitos deles têm um desenho próprio. Ao contrário disso, trate de estabelecer a novidade de seu trabalho contando ao leitor, já na introdução, como o desenho de seu trabalho difere dos trabalhos anteriores, como neste exemplo fictício:

> A maior parte dos estudos foi feita em humanos; o nosso foi feito em macacos.

Depois, diga ao leitor por que essa abordagem deveria ser superior.

Truque da nota 13

A essa altura, vamos imaginar que você tenha completado seu estudo após três anos de árduo trabalho. Agora, enquanto folheia o último número da revista em que pretende publicá-lo, você dá de cara com um artigo sobre um assunto muito similar ao seu; mesmas perguntas, mesmas respostas.

Você entra em pânico. Sua primeira intuição é ignorar o artigo, "afinal de contas, editores e pareceristas são muito ocupados para terem tempo de ler revistas". Imediatamente o próprio Nota 13 se aproxima em pessoa e sussurra em seu ouvido: "Enterre isso na discussão!" – querendo dizer com isso que se você fizer referência ao artigo numa curta frase subordinada nas profundezas da seção de discussão, muito provavelmente ele passará despercebido (editorial da *BMJ*, 1985). Mas, com certeza, o editor e o parecerista o encontrarão porque conhecem esse truque.

Ao contrário. Sua citação deve ser inserida na seção de introdução, como nota 1 ou 2. Isso não significa que sua causa esteja perdida; sua pesquisa pode vir a ser um importante estudo confirmatório.

Aqui está um exemplo de uma maneira generosa de lidar com esse problema. Dois pesquisadores, Karman e Potts (1972), desenvolveram um método cirúrgico. Quando, depois da invenção, eles foram pesquisar a bibliografia, descobriram que técnica similar fora descrita 35 anos antes em uma revista ucraniana publicada em russo sem resumo em inglês. Eles, muito honestamente, deram o crédito ao primeiro inventor:

> Depois do desenvolvimento desse aparato, chegou a nosso conhecimento que Bykov desenvolveu procedimento análogo em 1927[2].

18

Agradecimentos

Agradeça às pessoas que realmente o ajudaram

Você não pode se esquecer de agradecer às pessoas que o tenham realmente ajudado, mas cujas contribuições não justificam autoria. E seja específico. Quando vi o agradecimento a seguir, me perguntei o que exatamente as pessoas tinham feito (os sobrenomes são fictícios):

> Agradecemos a C. Roe, D. Doe e S. Poe.

No exemplo a seguir, está claro o que cada pessoa fez:

> Agradecemos a Betsy Roe e a Gerri Doe por sua ajuda no levantamento e processamento dos dados; a William Poe pela fotografia médica; a Marian Loe e David Coe por sua crítica às descobertas deste estudo; e a Fred Noe pela revisão dos espécimes de 200μm e 400μm.

Mas tome a precaução de não dar aos outros o crédito de seu próprio trabalho. De outro modo, o leitor se perguntará qual terá sido a contribuição que *você* deu.

O muito frequentemente usado "eu gostaria de agradecer a" pode ser abreviado para "obrigado a". Evite o uso de títulos profissionais ou de cortesia nos agradecimentos. O exemplo acima foi adequadamente escrito. Ele também nos diz o primeiro nome das pessoas a quem se agradece. As pessoas às quais você gostaria de agradecer precisam ser consultadas sobre se estão dispostas a figurar em sua lista e se aprovam a forma como você as mencionará. Isso decorre do fato de que colegas que leram e corrigiram seu manuscrito podem estar em desacordo com alguns dos pontos centrais de seu trabalho. Agradecer-lhes implicaria receber sua aprovação para conteúdo do seu artigo.

Não deixe de registrar as subvenções financeiras

Quando for agradecer a suas fontes de subvenção financeira, seja cuidadoso na apresentação de seus nomes. Se, como no caso a seguir, o nome da agência de apoio não estiver na língua da revista:

> Este estudo teve o apoio do "Kronprinsessan Margaretas Arbetsnämnd för synskadade",

você pode usar uma tradução direta:

> Este estudo teve o apoio do Grupo de Trabalho da Coroa da Princesa Margareta para os Deficientes Visuais.

ou, como cortesia para com a autoridade que forneceu os subsídios, o nome original e, entre colchetes, a tradução:

> Este estudo teve o apoio do "Kronprinsessan Margaretas Arbetsnämnd för synskadade" [Grupo de Trabalho da Coroa da Princesa Margareta para os Deficientes Visuais].

Mas não é necessário agradecer a todas as agências de fomento que tenham apoiado sua pesquisa em todos os últimos anos. Agradeça apenas àquelas que apoiaram o estudo que você está apresentando agora. Agências de fomento competem entre si, tanto quanto equipes de pesquisa. E se apenas uma agência determinada selecionou e deu apoio a um trabalho promissor, você tem a obrigação de dar a essa agência todo o crédito devido.

Observe que algumas revistas determinam que as organizações de fomento recebam crédito na página de título, em vez de serem incluídas nos agradecimentos.

19

Referências

Houve um tempo em que havia mais de 250 diferentes estilos de referência na literatura científica (Garfield, 1986). Portanto, os editores de algumas das principais revistas biomédicas tiveram um bom motivo para se reunirem em Vancouver, Canadá, em janeiro de 1978, e ali estabelecerem um estilo uniforme de referência. Uma de suas sugestões era os autores numerarem as referências na ordem em que elas aparecem no texto [ICMJE Recommendations (icmje.org)].

Estilo de Vancouver *vs.* estilo de Harvard

Embora muitas das maiores revistas do campo biomédico tenham adotado o estilo de Vancouver (também chamado de sistema numérico), algumas ainda preferem o sistema de Harvard [também chamado de sistema nome e ano, usado primeiramente em 1881 por um zoologista na Universidade de Harvard (Chernin, 1988)], segundo o qual o nome do autor e o ano de publicação são citados no texto. Na frase fictícia a seguir, mesclei os dois estilos para exemplificar suas diferenças:

> Um número de referência (17) no estilo de Vancouver diz menos que um nome e ano de referência (Einstein, 1941), de acordo com o sistema de Harvard.

A maioria dos leitores prefere o sistema de Harvard, porque gostam de saber que autor está sendo citado na medida em que vão lendo o texto. Contudo, o sistema nome e ano tem suas desvantagens: dificuldade para os leitores que veem um item interessante na lista de referências localizarem essa mesma referência no texto principal; e, ainda mais importante, a disrupção do texto quando um grande número de referências precisa ser citado dentro de um parágrafo, como no exemplo seguinte (Bengtsson, 1968):

> Este método foi introduzido por Aburel em 1938, mas foi seguido por bem poucos colaboradores nos vinte anos posteriores (Bommelaer, 1948; Cioc, 1948; Kosowski, 1949; de Watteville e d'Enst, 1950). Todavia, durante os anos 1960, o soro fisiológico foi sendo cada vez mais utilizado (Bengtsson e Csapo, 1962; Jaffin *et al.*, 1962; Wagner *et al.*, 1962; Larsson-Cohn, 1964; Møller *et al.*, 1964; Sciarra *et al.*, 1964; Wiqvist e Eriksson, 1964; Bora, 1965; Short *et al.*, 1965; Turnbull e Andersson, 1965; Wagatsuma, 1965; Cameron e Dayan, 1966; Gochberg e Reid, 1966; Klopper *et al.*, 1966; Christie *et al.*, 1966; Ruttner, 1966; Olsen *et al.*, 1967).

Usando o sistema de Vancouver, o texto acima pode ser reduzido a quase um terço de sua extensão original:

> Este método foi introduzido por Aburel em 1938[1], mas foi seguido por bem poucos colaboradores nos vinte anos posteriores[2-5]. Todavia, durante os anos 1960, o soro fisiológico foi sendo cada vez mais utilizado[6-22].

Como demonstrado, um nome importante e um ano podem ser mencionados dentro do texto, mesmo quando se esteja usando o sistema numérico. Mesmo assim, você tem de seguir o estilo da revista à qual submeterá seu artigo. Então, leia a versão atual das "Instruções aos autores" dessa revista.

Pelo menos agora você já está pronto para submeter seu artigo. A essa altura, você se dá conta de ter usado o sistema inadequado de citação. Atualmente, isso não é nenhuma catástrofe. Usando um bom programa de computador, você pode, acionando poucas teclas, produzir listas de referências no formato de sua preferência e, no texto, substituir nomes por números (ou vice-versa).

Em duas páginas, eu gostaria de mostrar pormenorizadamente como as referências são escritas no texto principal e na lista de referências de acordo com os sistemas de Vancouver e de Harvard. Aproveito ainda a oportunidade para mostrar como referir resultados inéditos e comunicações pessoais.

O sistema de Vancouver — também chamado de sistema numérico

Referências numeradas na ordem em que aparecem.

Comunicação pessoal: cite o nome completo e o grau acadêmico da pessoa referida; sem se esquecer de datar e de dar a forma (oral ou escrita) da comunicação.

INTRODUÇÃO

Era uma vez (1). Era (2,3). Uma vez (Jane K. Jones, mestra, comunicação escrita, 1999). Era uma vez era uma vez era uma (A.B.S., dados inéditos, 1999). Era uma vez era uma vez era uma vez era uma vez. Era uma vez (David C. Brown, mestre, dados inéditos, 1999).

Artigo em preparação, ou artigo submetido, mas ainda não aceito, a respeito do trabalho feito pelo autor (A.B.S.; perceba que usam-se pontos com esta abreviação) ou outra pessoa (David C. Brown); essas referências não podem ser incluídas na lista de referências.

12

REFERÊNCIAS

1 Smith A. B. Era uma vez vez era uma vez. *J Bacteriol*, 1911; 12: 34-35.

2 Smith A. B. Era uma vez vez era uma vez. *N Engl J Med*, 1991; 67: 89-90.

3 Anderson, C.D.; Brown, E. F. Era uma vez. *Lancet*, 1992: 345: 67-68.

4 Johnson, G. H.; Brown, E. F, Smith A. B. Era uma vez vez era uma vez era uma vez era uma vez. *BMJ*, 1997; 12: 34-35.

5 Smith A. B. Era uma vez. *Nature*. No prelo, 1995.

Aceitação final recebida.

O sistema de Harvard — também conhecido como sistema nome e data

Ordem de data

Nome e ano

INTRODUÇÃO

Era uma vez Era uma vez (Smith, 1991b). Era uma vez (Smith, 1991a; Anderson e Brown, 1992; Smith, 1995; Johnson *et al.*, 1997). Uma vez mostrado por Smith (1991 a,b). Era uma vez era uma vez era uma. Era uma vez era uma vez era uma vez era uma vez. Era uma vez.

***"et al."* quando há três ou mais autores**

Ano de publicação antes do título; esta é a única diferença entre o sistema de Harvard e o sistema de Vancouver acerca de como as referências individuais são registradas na lista de referências.

Ordem alfabética

REFERÊNCIAS

Anderson, C.D.; Brown, E. F., 1992. Era uma vez. *Lancet*, 345: 67-68.

Johnson, G. H.; Brown, E. F, Smith A. B.; Whinter, A.; Summer, C.; Black, K. *et al.*, 1997. Era uma vez. *BMJ* 12: 34-35.

Smith A. B., 1991a. Era uma vez vez era uma vez. *J Bacteriol* 12: 34-35.

Smith A. B., 1991b. Era uma vez vez era uma vez. *N Engl J Med* 67: 89-90.

Smith A. B., 1995. Era uma vez. *Nature*. No prelo.

Ordem cronológica (Smith, A. B., 1991a e 1991b) quando um autor publicou dois ou mais artigos num mesmo ano.

Quando forem sete ou mais autores, liste apenas os primeiros seis e acrescente *"et al."*. Isso também se aplica ao sistema de Vancouver.

Exatidão das referências e citações

Quando era um editor iniciante, eu tentava avaliar pessoalmente o conteúdo de todo artigo submetido (além das avaliações feitas subsequentemente pelos pareceristas). E quando não conhecia o assunto suficientemente bem, eu marcava as citações fundamentais na lista de referências enquanto analisava o texto e depois tentava recuperá-las todas.

E me admirava de constatar quão frequentemente eu era incapaz de localizar um artigo. Assim como em alguns dos artigos submetidos a segunda referência era indetectável por busca direta. Contudo, no índice do volume da revista, eu encontrava algumas delas, mas no ano errado, no volume errado, na página errada. Outros erros encontrados em publicações recuperadas incluíam título incorreto, autor(es) errados, nomes dos autores errados ou, ainda mais grave, citações erradas dos resultados de outros autores.

O que pode um autor fazer para citar com mais exatidão? A maioria dos equívocos de citação pode se evitada com a releitura das publicações citadas. Logo, jamais confie exclusivamente em sua memória! O número de erros pode ser reduzido com a checagem e rechecagem não apenas das novas referências, como também daquelas levantadas em seu próprio arquivo de citações. Até mesmo referências baixadas da MEDLINE podem esconder erros! Isso significa que você sempre deve ter uma cópia das publicações que serão citadas ali, à mão.

Citar de outro artigo só é permitido se a publicação original estiver fora de circulação. Mesmo assim, citar uma publicação sem tê-la visto pode ser arriscado, como se vê a seguir. Por aproximadamente cinquenta anos, vários autores de artigos em língua inglesa se referiam a um Dr. O. Uplavici (Dobbel, 1938). Ele era tido como o autor de um artigo em língua tcheca que reportava os primeiros experimentos nos quais a disenteria amebiana era transmitida do homem ao gato. Na realidade, "O úplavici" era o título do artigo e significa "Sobre a disenteria". O primeiro autor a citar o artigo, Kartulis (1887), se equivocou. Portanto, se você for remeter a um artigo que efetivamente não leu, diga o seguinte:

> A disenteria amebiana foi transmitida com êxito do homem para o gato (Uplavici 1887, *apud* Kartulis 1887).

Kartulis é, portanto, tido como o responsável por aquilo que Uplavici disse. (O artigo original de "O úplavici" foi escrito por Jaroslav Hlava, 1887.) Sempre que possível, evite citar fontes que não estejam amplamente acessíveis; muitos livros e a maioria dos resumos de conferências de congressos pertencem a esse grupo. A citação de resumos é especialmente contraindicada, dado que apenas um terço deles leva a artigos completos, revistos por pares (Liu, 1996). Algumas revistas já deixaram de aceitar a citação de resumos.

Seu nome de autor

Decida logo cedo em sua carreira a forma como você quer que seu nome apareça. Se você tem um nome muito comum, pode ser aconselhável usar suas iniciais intermediárias para se diferenciar de outros cientistas. Se você não tiver certeza, faça uma busca em MEDLINE para ver se deve usar suas iniciais.

Se você mudar de sobrenome e começar a usar o novo nome como nome de autor, seu trabalho científico anterior pode estar fadado a desaparecer. Então, mantenha o nome com o qual você escrevia ou coautorava seus primeiros artigos (van Loon, 1997).

Problemas com nomes ocidentais são nada em comparação com os nomes em alguns países asiáticos. Apresento aqui apenas um exemplo: nomes do chinês. (Mais detalhes sobre este assunto em *Scientific Style and Format*, 1994: 136-137.)

Nomes chineses

É deveras problemático distinguir os nomes de autores chineses, porque seus sobrenomes são compartilhados por muita gente. Os onze sobrenomes mais comums cobrem quase 40% de toda a população (Xu ZhaoRan e Nicolson, 1992). Isto significa que, em média, cada um desses nomes é compartilhado por 42 milhões de pessoas! Desse modo, para distinguir seus nomes, você precisa registrar na íntegra os prenomes em sua lista de referência. (Prenomes dos cidadãos chineses vêm sempre por último, portanto, depois dos sobrenomes.) Assim:

Deng X.
Jiang Z.

seriam mais facilmente identificados como:

Deng Xiaoping
Jiang Zemin

Para maior clareza, dois escritores (SUN Xiao-Ling e ZHOU Jing, 2002) sugeriram que os autores chineses devem escrever seus sobrenomes em letras maiúsculas e hifenarem seus prenomes dissílabos.

Muitos chineses em Hong Kong e nos Estados Unidos adotam nomes híbridos e passam a usar um nome ocidental como prenome, como, por exemplo, Tony K. H. Chung e Felix W. S. Wong. Nomes assim são referidos à maneira ocidental: Chung, T. K. H., Wong, F. W. S.

Anônimos

Você tem de fazer referência a um autor desconhecido em, pelo menos, dois tipos de situação: uma envolve os artigos publicados durante a revolução cultural na China e nos anos subsequentes, quando nenhum autor tinha permissão para aparecer sob seu próprio nome; a outra diz respeito a editoriais anônimos. Embora "anônimos" seja geralmente o termo usado em tais casos, analise quanto mais você pode comunicar se usar o método descrito a seguir.

Um exemplo da China é o artigo pioneiro tantas vezes citado e que reporta o primeiro uso clínico de biopsia de placenta. Visto que artigos chineses na área médica sem autor registram o nome do hospital onde trabalha o autor, isso pode servir como referência no texto, por exemplo (estilo de Harvard):

(Hospital Tietung, 1975)

No Estilo de Vancouver:

Em 1975, Hospital Tietung (7) reportou...

Em sua lista de referências, o crédito apareceria como (no estilo de Harvard):

Hospital Tietung, 1975. Predição de sexo fetal pela cromatina sexual das células de vilos coriônicos na gravidez precoce. *Chin Med J* 1: 117-126.

Um editorial sem assinatura pode ser referido no texto como no exemplo a seguir:

(*Nature,* editorial, 2006)

e na lista de referências:

Nature, editorial, 2006. Salve os peixes pulmonados. Um projeto de barragem australiano ameaça um fóssil vivo. 442: 224.

Editoriais ou outros artigos escritos por autores desconhecidos também podem ser referidos citando-se no texto os primeiros termos do título:

(Salvemos os peixes pulmonados, 2006).

E na lista de referências:

Salvemos os peixes pulmonados. Um projeto de barragem australiano ameaça um fóssil vivo. [editorial], 2006. *Nature* 442: 224.

De maneira geral, citar um autor como *Anônimo* é algo a se evitar na escrita científica.

Registre os títulos na língua de publicação

Certa vez, vi um manuscrito no qual as primeiras sete referências listadas estavam escritas em cinco diferentes línguas: búlgaro, húngaro, italiano, alemão e inglês. Os leitores estão mais bem servidos quando apenas uma língua é usada, ou seja, a língua da revista em questão, que se presume seja a língua que seus leitores entendem. Vamos dar uma olhada em uma das referências mencionadas, aquela em búlgaro:

Tanchev, S.; Asparuhov, A.; Tanchev, P.; Gramcheva, O.; Vurkhu vuzstanoviavaneto sled rodova fractura na kliuchitsata. *Akush Ginecol* (Sofia) 1987; **26**: 49-XX.

Como a língua da revista é o inglês, o título em búlgaro precisa ser traduzido para o inglês. A tradução do título vem então entre colchetes e toda informação extra entre parênteses. (Assim como no original, a referência a seguir segue o Estilo de Vancouver.)

> Tančev, S.; Asparuhov, A.; Tančev, P.; Gramčeva, O.; [Healing of Fractured Clavicle in Newborns] (In Bulgarian with English Abstract). *Akush Ginecol* (Sofia) 1987; **26**: 49-XX.

Perceba: usei um acento diacrítico sobre a letra *c* (em substituição ao *ch*) em minha reescrita dos nomes dos autores, porque essa é a maneira com a qual eles mesmos escreveram seus nomes no resumo em inglês. Esse é um gesto de cortesia. Se seu computador não puder inserir esses acentos, insira-os manualmente, indique a mudança à margem e informe o editor disso na carta de apresentação.

Você ainda pode fornecer um título em língua estrangeira seguido de sua tradução:

> Svedin, G. Transkutan nervstimulering som smartlindring vid for lossning [Estimulação nervosa transcutânea elétrica por analgesia durante o parto] (em sueco com resumo em inglês). *Lakartidningen*, 1979; 76: 1946-1948.

Como citar material eletrônico

O sistema de referência de Vancouver oferece regras seguras para a citação de material eletrônico (www.icmje.org). Darei um exemplo de um página visitada na internet:

> Animal Info. [Internet]. Maidenhead, UK: Animais em risco de extinção — Mamíferos & Animais raros, ameaçados e sob risco [acesso: 15 jan. 2015]. Disponível em: http:/www.animalinfor.org/.

Quando citei esse *site* em 2002, os animais em mais grave risco de extinção no Afeganistão eram os leopardos seguidos pelo markhor, uma espécie de cabra selvagem paquistanesa (*Capra falconeri*). Agora (16 de janeiro de 2015), os dois animais trocaram de posição. Portanto, pelo fato de um *site* poder ser atualizado depois de você consultá-lo, dê sempre a data em que o acessou.

20

Teses doutorais

O doutorado é o mais alto grau acadêmico. Ele é outorgado depois da escrita de uma tese doutoral[1], defendida mediante uma defesa oral. Quase não existem regras universalmente aceitas para a preparação de uma tese. A estrutura varia de país para país, "de uma instituição para outra e até mesmo de um orientador para outro no mesmo departamento da mesma instituição" (Day e Gastel, 2006).

Não obstante, há dois tipos de teses: monografias e compilações de artigos. Monografias são a forma mais comum, especialmente em ciências humanas, teologia e direito. Mas as compilações vêm sendo cada vez mais usadas em medicina, tecnologia e ciências naturais.

Compilações: as teses do futuro

Compilações se baseiam em artigos que tenham "sido escrutinados por revisão internacional de pares, provavelmente mais prestigiosos do que comitês locais" (Carling, 2006). Elas são reconhecidas na Argentina, na Austrália, na Índia, no Japão, nos Estados Unidos e em países europeus como a República Tcheca, a Finlândia, a Alemanha, a Holanda, a Noruega, a Espanha e a Suécia; embora permitidas no Reino Unido, não são comuns por lá (Burrough-Boenisch, 2006).

1 Os termos *tese* e *dissertação* são usados de modo diferente em distintas parte do mundo. Por exemplo, nos Estados Unidos, estudantes de mestrado escrevem *teses*, na Grã-Bretanha e no Brasil, eles escrevem *dissertações*. Ao nível de doutorado, contudo, esses termos são invertidos na Grã-Bretanha [não no Brasil].

Há dois tipos de compilações. Em um, os artigos reimpressos são ensanduichados entre um capítulo introdutório e outro de conclusão. No outro, os artigos reimpressos são anexados a um sumário de seus conteúdos. Em ambos os tipos, os artigos são publicados ou publicáveis em revistas pontuadas e têm frequentemente vários autores, com o doutorando figurando como primeiro autor da maioria deles. O assunto deste nosso capítulo é o tipo de compilação que inclui um sumário. Por falta de nome oficial, proponho chamar esse sumário de panorama da tese[2].

Muitos dos pormenores descritos em outras partes deste livro se aplicam genericamente à escrita de uma tese. Desse modo, para evitar uma repetição tediosa, discutirei aqui apenas os novos aspectos. O conselho é aplicável também a outros níveis de pós-graduação.

Colaboradores

Nos dias de hoje, a maior parte das pesquisas é trabalho coletivo. Você precisa fazer todo o possível para indicar claramente que partes do trabalho lhe pertencem. O examinador estará curioso para saber o quanto você contribuiu para a elaboração do estudo, a coleta de dados, a análise de dados e, especialmente, para a escrita do manuscrito. A tabela 20.1 é uma apresentação exemplar de uma lista de colaboradores dos artigos de uma tese (Theander, 2005). Veja a seguir.

Tabela 20.1: Lista detalhada de colaboradores aos artigos de uma tese doutoral (fac-símile de Elke Theander, 2005, com permissão).

Viver e morrer com a Síndrome Primária de Sjögren		
Contribuições aos artigos		
Definição do estudo	Artigo I	Elke Theander Ingrid Nilsson
	Artigo II	Rolf Manthorpe David Horrobin
	Artigo III	Elke Theander Lennart Jakonsson
	Artigo IV	Elke Theander Lennart Jakonsson
	Artigo V	Elke Theander Lennart Jakonsson

2 Leitores em busca de uma obra sobre o assunto podem ler meu livro, *How to Prepare a Scientific Doctoral Dissertation Based on Research Articles*. Cambridge: Cambridge University Press, 2012.

Coleta de dados	Artigo I	Ingrid Nilsson Elke Theander Rolf Manthorpe
	Artigo II	Elke Theander Rolf Manthorpe
	Artigo III	Elke Theander
	Artigo IV	Elke Theander Rolf Manthorpe Otto Ljungberg
	Artigo V	Elke Theander Rolf Manthorpe
Análise de dados	Artigo I	Elke Theander
	Artigo II	Elke Theander Jan Ake Nilsson
	Artigo III	Elke Theander
	Artigo IV	Elke Theander Anna Bladström
	Artigo V	Elke Theander Henrik Mansson
	Todos os artigos	Consultoria estatística de Jan Ake Nilsson
Escrita do manuscrito	Todos os artigos	Elke Theander
Revisão do manuscrito	Artigo I	Lennart Jacobsson Rolf Manthorpe Ingrid Nilsson Torkel Wadstrom
	Artigo II	Rolf Manthorpe Lennart Jacobsson
	Artigo III	Lennart Jacobsson Sven Ingmar Anderson Rolf Manthorpe
	Artigo IV	Lennart Jacobsson Gunnel Henriksson Otto Ljungberg Rolf Manthorpe
	Artigo V	Lennart Jacobsson Rolf Manthorpe
Revisão linguística	Artigos	Dorothy Björlund
	Tese	Hellen Sheppard

A tese num relance

A tese pode ser descrita num relance como um resumo de resumos e é de extrema utilidade para o leitor. Aqui está um exemplo de uma parte dele (Theander, 2005):

> **Artigo II — O tratamento com ácido gamalinolênico (GLA) alivia fadiga e disfunção glandular na síndrome de Sjögren primária?**
> **Pacientes:** 90 pacientes (+30 em teste piloto).
> **Métodos:** Teste randomicamente controlado de placebo duplo cego.
> **Conclusões:** GLA não teve efeito sobre fadiga ou sinais e sintomas glandulares.

Introdução geral

Você deve, mais que qualquer outra pessoa no planeta, ser aquele com maior conhecimento sobre a delimitação de seu objeto. Então, sua introdução geral deve e pode ser uma peça altamente legível. Você pode, se isso for relevante, recuar milhões de anos nas frases de abertura, como nesta introdução a uma tese sobre o uso do ultrassom em diagnósticos médicos (Andolf, 1989):

> Durante milhões de anos, morcegos e golfinhos usaram o ultrassom como método de localização. Mas foi apenas em 1912, quando ocorreu a catástrofe do Titanic, que os cientistas levantaram a hipótese de que o homem também podia usar o ultrassom... Em Lund, em 1953, o cardiologista Inge Edler [e] o físico Helmut Herz [fizeram observações que levaram à] aplicação do ultrassom no campo médico.

A visão geral da tese deve ser inteligível até mesmo para um não especialista. Baranto (2005), por exemplo, consagrou algumas páginas para apresentar ao leitor a anatomia da coluna cervical, sua função e possíveis mudanças degenerativas. E tudo isso ilustrado com desenhos extraídos de um manual didático. Abordagens como essas são altamente recomendáveis.

Objetivos

Uma frase curta para cada objetivo é mais que suficiente. Não use abreviaturas aqui; se o fizer, explique-as. Um leitor não especialista provavelmente acharia hermético o objetivo a seguir (extraído de uma tese):

- elucidar a [presença de] transporte urogenital de GBS em mães de bebês infectados com estreptococos do grupo B e/ou mulheres colonizadas com estreptococos do grupo B que deem à luz bebês neonatalmente saudáveis, com referência a...

... mas não este (Christensen, 1980):

- elucidar a presença do grupo de estreptococos do grupo B no trato urogenital entre adultos.

Métodos e resultados

Eu acabara de concluir os artigos para minha tese em maio de 1973. Era chegado o tempo da visão geral. Um colega meu, mais experiente, sugeriu que eu pegasse os artigos, uma tesoura, um rolo de fita em uma mão e uma garrafa de conhaque na outra, achasse um lugar tranquilo e fizesse a visão geral com base no corta-e-cola. (Naquele tempo, só dispúnhamos de máquinas de escrever!) O conselho dele fazia todo o sentido; os métodos e as seções de resultados podiam ser apresentados desse jeito. Mas para tomar partes de seus artigos, você tem de parafraseá-las, quer dizer, apresentá-las em nova formulação. Se não o fizer, você precisa inserir aspas de citação em volta das linhas tomadas de empréstimo. Parafrasear é difícil, especialmente quando se trata de metodologia. Por isso, sugiro o seguinte.

Visto que você já deve ter descrito em pormenores os métodos e os resultados em seus artigos, os leitores especialistas terão, na tese impressa, acesso a tudo isso. Então, na visão geral, apresente essas seções num tom não especializado. Escolha palavras similares às que você usaria se estivesse discutindo essas questões no almoço com um colega de uma especialidade distinta da sua.

Se você tiver um grupo comum de assuntos ou amostras, use um fluxograma para mostrar como eles foram alocados nos diferentes estudos. Se tiver duas bases comuns, crie dois fluxogramas. Círculos podem ser usados de maneira análoga; o tamanho dos círculos corresponde ao número de assuntos ou amostras. A sobreposição de círculos pode ser usada para indicar que alguns estudos têm partes em comum. Use uma tabela para apresentar estudos baseados em diferentes assuntos ou amostras. Faça desenhos simples para explicar seus métodos. Para os resultados, pode ser muito útil construir tabelas que sintetizem dados de mais de um artigo. Dizem que fotografias ou diagramas em quatro cores incrementam um artigo, mas eles devem acrescentar algo, não terem apenas efeito decorativo. Se você tiver fotos ou figuras em quatro cores em seus artigos publicados em revistas, as mais baratas fotos em preto e branco serão suficientes nesse panorama da tese — se é que você acha mesmo necessário reproduzir tudo isso ali.

Discussão geral

A discussão geral em uma tese exige uma abordagem levemente diferente da seção de discussão dos artigos, uma vez que você precisa levar em conta tanto o quadro geral quanto as peças individuais. Crie novo subtítulo para cada peça individual. Abra a discussão geral explicando como você alcançou seus objetivos. Em certa tese (Bergstrom, 1994), um dos objetivos era:

- Desenvolver uma técnica de transplante sub-retinal de células da retina...

e a discussão geral começou:

> **O procedimento de transplante**
> A técnica de transplante sub-retinal que nós desenvolvemos revelou-se fácil de usar e [deu] resultados bons e consistentes.

O que torna a escrita desse trecho especialmente boa é que o autor usou quase exatamente a mesma formulação da sentença em que descreve seu objetivo.

Agradecimentos

Se você estiver sofrendo de bloqueio de escrita ao final da tese, os agradecimentos a seguir podem ser uma saída (sobrenomes fictícios; Azem, 2005):

> **Agradecimentos**
> **Obrigado...**
> A meus orientadores, Ann-Mari Soe e Samuel Loe por me apoiarem, inspirarem e compartilharem todo o seu conhecimento em imunologia de mucosas. Atuais e antigos colegas, colaboradores, alunos, professores, administradores & corpo técnico pelas [contribuições a] esta tese.
> Este estudo teve o apoio financeiro de...

Isto é melhor do que pular os agradecimentos; só uma vez me deparei com uma tese sem um obrigado do autor.
Contudo, muitos agradecimentos são escritos seguindo o esquema tradicional de agradecer às pessoas individualmente. Mas, em vez de simplesmente agradecer a uma cooperadora "por me ajudar em grande

parte do trabalho", diga ao leitor o que ela realmente fez: "Ewa... por me mostrar como perfundir fígados de ratos". Mesmo que a maioria dos autores atualmente crie suas próprias ilustrações usando *softwares* de desenho, alguns poucos ainda recorrem a um(a) ilustrador(a) profissional. Se for este o caso, não esqueça de agradecer a ele(a). Lembro uma artista me mostrando um livro-texto de botânica que ilustrara. Ela pôs a alma naquilo, me disse; mas não foi mencionada nos agradecimentos. Um estatístico certamente também agradeceria uma palavra: "Jan Doe, por me guiar pela selva da estatística", tanto quanto o revisor de texto. Você é o próprio editor de sua tese. Logo, pode agradecer às pessoas sem pedir permissão, ao contrário do que se aconselha no caso de artigos. Mas assegure-se de estar absolutamente seguro de que a pessoa à qual agradece teria permitido uma menção tão particular quanto:

> ... Yvette Soe, pelo preparo de tão deliciosos filés...

Ilustração da capa

Se você tem uma ilustração de capa, explique-a e dê crédito ao fotógrafo ou ao artista nas primeiras páginas. Como no exemplo a seguir (Naylor, 2005):

> **Foto da capa:** Um [...] rato submetido a grande estresse (esquerda). Em comparação, um [...] rato ativo, alerta e pronto para o desafio seguinte. **Ilustração** de Joen Wetterholm.

... e aqui está a ilustração. Os dois ratos ilustram a essência da tese.

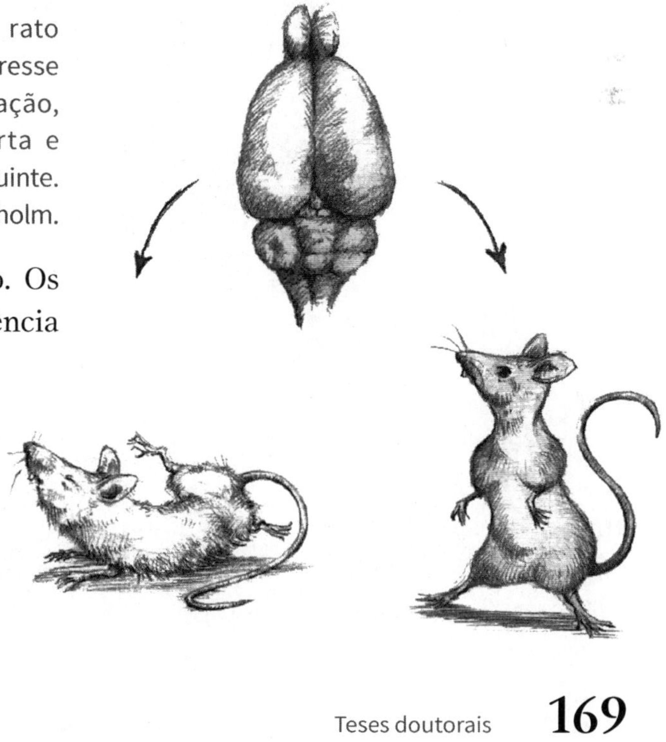

Figura 20.1: Ilustração de capa (reproduzido de Andrew S. Naylor, 2005, com a permissão do autor; ilustração de Joen Wetterholm, JoenArt.)

Um olhar mais atento

Em 2008, lancei um olhar mais atento para cem teses em biomedicina publicadas na Suécia. A tese média se baseava em quatro análises ou artigos (em média 4,0; variação 3-6). Desses, três estavam publicados ou no prelo (média 2,8; variação 1-5) e um estava em análise ou era inédito (média 1,4; variação 0-4). O doutorando geralmente vinha listado como o primeiro autor; o orientador principal, como o último. Poucos artigos tinham mais que seis autores.

Estrutura da visão geral da tese

A maior parte dos tipos de escrita científica é altamente estruturada. A escrita da tese não. Você está livre para começar pelas partes que costumam ser lidas primeiro: *resumo, sumário em sua própria língua materna* e *agradecimentos.* Reserve a cada uma delas uma página inteira e, se você conseguir se controlar, use apenas um lado da página, deixando o verso em branco. Isso vai conferir a sua tese uma abertura atraente. Encontrei esse tipo de abordagem em uma tese sobre tecnologia (Synnergren, 2005). A seguir, você verá uma lista de títulos da divisão geral de uma tese e como ordená-los. Depois de apresentar a lista, farei alguns comentários adicionais.

Resumo
Sumário em sua língua materna
Agradecimentos

Sumário
Abreviaturas
Glossário (ou Definições)
Lista de artigos
Colaboradores dos artigos
Visão geral da tese
Introdução geral
Objetivos
Métodos (ou Materiais e métodos)

Resultados (ou Resultados e comentários)
Discussão geral
Conclusões
Implicações clínicas (se necessárias)
Implicações para pesquisas posteriores
Referências
Artigos I-

O título *Glossário* indica aqui uma lista de palavras que não sejam explicadas na tese, porque são perfeitamente conhecidas pelos especialistas, tais como *gliócitos*. Um leitor externo ao campo de especialidade agradeceria saber que isso que dizer "células da estrutura de apoio do tecido nervoso". Este exemplo foi extraído de um glossário de duas páginas de uma tese (Andersson Gronlund, 2005).

Em *Definições*, você pode explicar, por exemplo, *parto prematuro*, cujo sentido é evidente para todo e qualquer obstetra, mas nem para todo não especialista. A expressão quer dizer: "Parto ocorrido antes de se completarem 36 semanas de gestação".

Já descrevi e recomendei intensivamente "Colaboradores dos artigos" e "Visão geral da tese".

Sob o título "Materiais e métodos", "Materiais" pode ser substituído por "Pacientes" ou "Sujeitos", visto que não é apropriado chamar seres humanos de "materiais".

21
Cartas e relatos de caso

A carta da talidomida

A imagem do raio-x de uma mulher no fim da gravidez mostrava um feto sem os braços. “Pelo menos uma vez na vida, temos de ver algo desse tipo, mas eu o vi duas vezes em poucos meses”, disse um radiologista. Rumores de crescimento de deficiências similares eram frequentes, mas a causa era desconhecida.

Cerca de dois meses depois, em dezembro de 1961, foi publicada uma carta em *The Lancet*, na qual se afirmava que mulheres que tivessem tomado talidomida no início da gravidez contra enjoos matinais frequentemente davam à luz bebês sem braços ou com os membros superiores deformados (McBride, 1961). A carta, composta de apenas quinze linhas, se concluía com a seguinte pergunta:

> Algum de seus leitores viu anormalidades semelhantes em bebês nascidos de mulheres que tenham tomado esse remédio durante a gravidez?

A resposta foi avassaladora. Constatou-se que mais de 10.000 crianças em cerca de 50 países tinham nascido com essas deficiências (Thalidomide UK, 2006). Depois da publicação da carta, o remédio foi mundialmente suspenso do mercado. Essa carta figura como o primeiro grande tento de *The Lancet* (www.thelancet.com, acesso: 26.Set.2016), desde seu anúncio da utilidade da penicilina em 1940.

Formato e tamanho de uma carta

Assim como no caso da carta da talidomida, você deve ser breve, ir direto ao ponto. O formato de uma carta é quase sempre o mesmo: um título; uma saudação, por exemplo, "Ao Editor"; a carta propriamente dita sem subtítulos e uma lista de referências. Você pode incluir uma figura ou uma tabela, mas esses acréscimos só serão publicados se acrescentarem algo de substancial à carta. Contudo, o tamanho da carta varia muito de uma revista para outra. Leia a "Orientações aos Autores" para mais informações.

Há dois tipos de carta: aquelas que discutem artigos recentes e aquelas que descrevem pesquisas preliminares. Uma carta que discuta um artigo recente geralmente é enviada pelo editor aos autores do artigo discutido e tanto a carta quanto a resposta serão publicadas juntas. Cartas de pesquisa são relatórios sumários de novos achados que possam vir a estimular mais pesquisa.

Transformar um artigo numa carta

Foi claramente um caso de arrogância. Meus colaboradores e eu submetemos a *The Lancet* um relatório em formato de artigo completo sobre um único paciente. Obviamente, o artigo teve a publicação negada. Mas o editor nos ofereceu a oportunidade de reduzi-lo a uma carta.

O artigo original tinha 12 páginas de texto corrido, duas tabelas e 14 referências. Decidimos aceitar o formato carta com a única condição de que a revista aceitasse incluir toda informação importante. *The Lancet* aceitou (Hoyer *et al.*, 1979). A expressiva redução do texto de um artigo original a uma carta nos diz que o formato de artigos originais, às vezes, pode ser uma forma pouco econômica de apresentação.

Relatos de casos

Idealmente, um relato de caso deve sugerir uma hipótese que possa ser testada por outros. Por exemplo, as associações entre estrógenos e carcinoma endometrial (Fremont-Smith *et al.*, 1946) e entre pílulas anticoncepcionais e hipertensão arterial (Woods, 1967) foram inicialmente sugeridas por relatos de casos isolados que levaram à pesquisa controlada e à confirmação das hipóteses iniciais.

Infelizmente, a maioria dos relatos de caso submetidos às revistas não passam de outra observação de uma doença inabitual já bem conhecida. Em vez disso, o caso deveria ter sido apresentado em um seminário departamental.

O subtítulo comum "Uma revisão da literatura" é inadequado, porque um relato de caso é muito breve (geralmente apenas duas páginas de texto corrido) para permitir nem que seja uma minirrevisão. Será que o(a) jovem autor(a) [frequentemente um(a) pesquisador(a) iniciante] não poderia escrever um artigo de revisão de literatura separadamente? Não, um(a) especialista renomado é quem deveria escrever a revisão, quase sempre a convite. O que se supõe é que ele(a) tenha a necessária experiência para avaliar os artigos, destacar os bons, simplesmente mencionar os outros e, sobretudo, ter a coragem de excluir trabalhos que estejam aquém do padrão. Revisões podem incluir centenas de referências e são geralmente usadas quando você precisa delimitar sua bibliografia – e você deve ser capaz de confiar nelas.

Então quais relatos de caso alcançam o estágio da revisão por pares? Geralmente aqueles que formulam uma hipótese testável, ou aqueles que acrescentam algo – por exemplo, um novo instrumento diagnóstico ou um novo tratamento. E, naturalmente, um relato de caso é adequado se um novo fenômeno tiver sido observado.

Formato e tamanho dos relatos de caso

Se você tiver um caso a relatar, relate-o. A estrutura e tamanho variam amplamente de uma revista para outra. Consulte as "Instruções aos Autores" da revista que você escolher. Geralmente, depois de uma breve introdução, o caso (intitulado: "Relato de caso") é apresentado, seguido de uma curta discussão e de uma lista de referências. *Grosso modo*, a extensão é limitada a duas páginas (com espaço duplo) de texto corrido, cinco referências e uma figura ou uma tabela. Para economizar espaço, apresente apenas achados relevantes e não a série completa de eletrólitos de soro normais e as contagens de glóbulos brancos. Para limitar a extensão da bibliografia, cite referências nas revisões globais da literatura. Algumas revistas aceitam apenas duas referências. Nesses casos, se você realmente precisar citar mais de dois artigos, pode fazer isso remetendo a algum artigo de revisão que os inclua. Mas, nesse caso, pode ocorrer que o autor da revisão não tenha contribuído para essas descobertas, mesmo que receba créditos por elas. Contudo, esse problema pode ser, ao que tudo indica, resolvido de outra maneira.

Um relato de caso foi rejeitado por problemas formais, visto que apresentava seis figuras quando a revista aceitava apenas uma. O autor foi rápido e voltou a submeter o manuscrito com as mesmas figuras, embora tivesse mudando as figuras de 1 a 6 pela figura 1, a-f! Não. Isso não é uma piada; o autor provavelmente pensou que, com esse truque, conseguiria passar a perna num editor sobrecarregado.

Outro relato de caso tratava de uma observação feita durante uma cirurgia abdominal de rotina. O relato lançava nova luz em casos desse tipo e por isso mereceria publicação. Contudo, tinha sete autores – gente demais para pouco espaço numa mesa de cirurgia. O manuscrito foi devolvido ao autor correspondente, ao qual se pedia uma declaração sobre a contribuição de cada autor. Mas, em vez de responder, ele ressubmeteu o manuscrito omitindo cinco dos sete autores anteriores. O manuscrito foi aceito. Um relato de caso raramente carece de mais do que dois autores, um que tenha feito a observação e, se necessário, um que teria monitorado a escrita.

22 Números

Números abaixo de 10

Durante muito tempo, a recomendação era grafar os números abaixo de 10 por extenso, como se vê no exemplo a seguir extraído da *Newsweek* (Ridley, 2003):

> ... um rato tem sete vértebras cervicais e 13 vértebras torácicas, uma galinha, 14 e sete vértebras...

Mas instâncias de referência em estilo *científico*, como o Council of Scientific Editors, recomendam que todos os números devem vir expressos em numerais, em vez de por extenso, na maioria das circunstâncias:

> ... um rato tem 7 vértebras cervicais e 13 vértebras torácicas, uma galinha, 14 e 7 vértebras...

(Veja também o capítulo 20, "Um olhar mais atento", sobre como usar números em artigos científicos.)
Contudo, ainda podemos citar por extenso números que comecem uma sentença. O exemplo a seguir foi retirado do resumo de um artigo publicado:

> Três mil oitocentos e setenta e seis mães foram examinadas com ultrassom entre 7-12 semanas de gestação. Cento e sessenta e seis (4,3%) carregavam um feto morto.

Mas muitos leitores acham difícil apreender números altos registrados por extenso, como no exemplo acima. Perceba como se torna muito mais fácil compreender a passagem quando ela é refeita de maneira a que os números se localizem em algum ponto intermediário:

Exame por ultrassom de 3.876 mulheres entre 7-12 semanas de gestação demonstrou que 166 (4,3%) carregavam um feto morto.

Dois números lado a lado

Registrar números sem relação entre si uns ao lado dos outros confunde o leitor, como neste exemplo extraído de Mosteller (1992):

> Este grupo de pacientes com leucemia teve uma contagem média de glóbulos brancos de 257, 112 linfócitos e 145 outros tipos.

Separe os números:

> Este grupo de pacientes com leucemia teve uma contagem média de glóbulos brancos de 257, dos quais 112 eram linfócitos e 145 de outros tipos.

Aqui está outra construção confusa:

> 500-mg 2 tabletes

Escreva por extenso o número de mais fácil expressão e deixe o outro em numerais:

> dois tabletes de 500-mg

Separador decimal

O separador decimal em português brasileiro é a vírgula, não o ponto, como em inglês:

> 0,3 (*não* 0.3)

Use um zero antes da vírgula decimal:

> 0,3 (nunca ,3)

Milhares

Em português brasileiro, a prática é indicar milhares com ponto, contrariamente à prática em inglês nos EUA e na Grã-Bretanha, que tem sido a de indicar milhares com vírgulas, porque entre nós as vírgulas servem de separador decimal. Para evitar confusão, quando estiver escrevendo em inglês para um público internacional, siga o Manual de Estilo do Council of Biology Editors' Committee (1994: 196), que recomenda o uso de espaço para a marcação de milhares:

> 12 345 (*nunca* 12,345).

Nem todas as revistas adotaram essa prática de espaçamento. Em deferência aos editores de tais revistas, siga o estilo da casa.

Números seguidos de vários zeros

Unidades padrão de medida modernas sobem e descem os degraus do número 1.000.
Uma unidade capaz de remover o excesso de zeros é fácil de achar:

> 3 μL (*não* 0,003 mL)

Em outros casos, multiplicadores (expoentes) podem ser usados:

> 1,6 x 10^9 bactérias por mL,

embora multiplicadores devam ser evitados se puderem ser facilmente substituídos:

> 12 milhões de habitantes (*não* 12 x 10^6 habitantes).

Mas, se você estiver escrevendo em inglês, nunca use "bilhões" num artigo científico; "bilhão" significa 10^9 nos EUA, mas 10^{12} na maior parte dos países europeus.

Quocientes de unidades

Você pode usar *uma* barra (/) para expressar quocientes de unidades:

> km/h

mas não duas ou mais. Por isso, "miligrama por quilograma por hora" é preferentemente apresentado por meio de expoentes negativos:

> $mg \cdot kg^{-1} \cdot h^{-1}$ (*não* mg/kg/h)

O uso de expoentes negativos pode ser pouco familiar a alguns leitores. Por exemplo, um veterinário, vendo que vacas são alimentadas 10 kg dia^{-1}, sugeriram que elas eram provavelmente alimentadas à noite (Lindsay, 1989).

Contudo, o uso de expoentes negativos chegou para ficar. Nós é que temos de nos acostumar com eles.

Porcentagens

Em um manuscrito em preparação, li certa vez que 5% dos pacientes com claudicação intermitente tinham atendimento domiciliar uma vez por semana. Mesmo assim, me perguntei se o sistema de saúde podia encarar esse luxo dispensado a pessoas com uma dificuldade relativamente moderada. Então descobri que o número total de pacientes estudados fora apenas de 20 pessoas. Nesse caso, de fato, apenas um único paciente tivera acesso ao serviço.

Esse modo de apresentação continha dois erros: faltavam os dados originais e o número de pacientes era muito reduzido para ser expresso em porcentagem.

A seguir, algumas convenções da escrita científica acerca do uso de porcentagens:

(1) Se o número total for menor do que, por exemplo, 25, não se devem usar porcentagens.

(2) Se o número total estiver entre 25 e 100, as porcentagens devem ser expressas sem decimais (7%, não 7,2%).

(3) Se o número total estiver entre 100 e 100.000, um decimal pode ser acrescentado – e apenas um (7,2% e não 7,23%).

(4) Apenas se o número total exceder os 100.000, podem-se acrescentar dois decimais (7,23%).

(5) Os dados originais devem ser incluídos sempre:

Ocorreram óbitos em 209 (7,2%) dos 2.901 pacientes.

Note que a porcentagem vem registrada entre parênteses, para dar primazia aos dados originais. Logo, não a 7,2% (209).

(6) Os dados originais nunca devem ser apresentados numa construção que use barra. Logo nunca 209/2.901 (7,2%).

Arredondar para dois dígitos significativos

Ehrenberg (1977) defende que números são mais fáceis de comparar depois que são arredondados para dois dígitos significativos. (Os dois zeros finais não interessam, visto que o olho pode prontamente descartá-los.) Compare as duas afirmações a seguir:

(1) Entre 1970 e 1975, o número de abortos legalmente realizados na Suécia aumentou de 17.134 para 33.926.
(2) Entre 1970 e 1975, o número de abortos legalmente realizados na Suécia aumentou de cerca de 17.000 para cerca de 34.000.

Na segunda afirmativa, os números foram arredondados para dois dígitos, e a relação dois para um entre eles é muito mais clara do que na primeira afirmativa. Contudo, quando os valores exatos dos dados numéricos são imprescindíveis, não se recomenda um arredondamento tão drástico, que pode ser usado, por exemplo, na discussão (veja também, no capítulo 10, "Arredondamento", p. 112).

Enumeração

Numerais entre parênteses são usados na enumeração de itens, como no exemplo a seguir:

> *Animal Info* (2002) lista três mamíferos em risco de extinção no Afeganistão: (1) leopardo das neves, (2) markhor, a cabra selvagem paquistanesa, membro da família dos caprinos (não confirmada recentemente) e (3) tigre (pode estar extinto aqui).

Contudo, se as referências no texto foram numeradas, devem-se usar, em lugar dos números, letras em itálico, para evitar confusão:

> *Animal Info* (1) lista três mamíferos em risco de extinção no Afeganistão: (*a*) leopardo das neves, (*b*) markhor, a cabra selvagem paquistanesa, membro da família dos caprinos (não confirmada recentemente) e (*c*) tigre (pode estar extinto aqui).

O que queremos dizer com "frequentemente"?

Quando apresentamos dados numéricos no texto, os leitores podem se sentir mais confortáveis com a descrição em prosa do que com números reais. Mas, cuidado! Quando 51 pesquisadores fluentes em inglês foram chamados a quantificar o termo *frequentemente*, eles sugeriram uma taxa de cerca de 28 a 92% (média de 59%; Toogood, 1980)! Por isso, é melhor que expressões não numéricas isoladas sejam evitadas. Logo:

> A maioria dos pacientes (82%)...

23

Abreviaturas

As abreviaturas devem ser usadas o mínimo possível. Uma formulação como a seguinte *não é* recomendável (*apud* Spiers, 1984):

> ... um paciente com DAC e IAM, foi submetido a **ATP** por CRE depois de um episódio de SVVR.

São necessários alguns anos de profissão para apreender imediatamente que esse paciente com doença aterosclerótica cardíaca e um histórico de infartos do miocárdio, teve um episódio de sangramento vermelho vivo pelo reto, antes de ser admitido a uma angioplastia transluminal percutânea seguida de uma colangiopancreatografia retrógrada endoscópica! As abreviaturas usadas no exemplo acima são provavelmente integralmente aceitas na especialidade. Mas o simples fato de uma abreviatura ser permitida não significa que você seja obrigado a usá-la.

Então, quando é que você pode usar uma abreviatura? Vamos dar um exemplo. O termo *remédio anti-inflamatório não esteroide* (com a abreviação convencionada RAINE) pode não garantir abreviatura a menos que ela ocorra, digamos, uma dúzia de vezes em um artigo tamanho padrão. Algumas abreviaturas são mais prontamente entendidas do que suas formas extensas: DNA, AIDs, laser. Frequentemente tais abreviaturas são aceitas nos maiores bancos de dados bibliográficos. Se for o caso, você pode usá-las sem definição – até mesmo no título e na seção de resumo. Evite ao máximo inventar suas próprias abreviaturas. Em vez disso, tente encontrar expressões substitutas. Por exemplo, se você tiver feito um estudo sobre ratos Sprague Dawley jovens maduros. Agora você está escrevendo o artigo e precisa fazer constantes referências a esse grupo. Então, você imagina poder usar uma construção mais conveniente, como "RSPJM". Esqueça! O editor nunca aceitará isso. Que fazer, então? Se outros ratos não estiverem sendo mencionados no artigo, simplesmente use "os ratos"; ou então, por exemplo, ratos "experimentais" ou "tratados".

Unidades de medida

As unidades são abreviadas quando seguem um numeral. Em outra posição, virão por extenso:

> 2 mg (mas *dois* milligramas)

Singular e plural têm a mesma abreviatura:

> 1 sem 6 sem (*não* 6 sems.)

Uma unidade abreviada não leva ponto, exceto se estiver fechando uma sentença:

> m (*não* m.)

Unidades abreviadas não carecem de explanação.
O título do filme *48 HRS.* (1982) – filme com Nick Nolte e Eddie Murphy como protagonistas – está OK. Mas na escrita científica, você tem de usar *48 h*. Perceba que *horas* se abrevia com letra minúscula. O H maiúsculo é o símbolo para *hidrogênio*.
Por exemplo, o *Halliwell's Film Guide 2006* traz um numeral seguido por *m* depois de cada filme. Isso deve ser para os *freaks*, pensei, mas logo entendi que aquele *m* significava *minutos*, não *metro*. Na escrita científica, *minutos* se abreviam como *min*; *metro* como *m*.

Princípios gerais

Você deve apresentar suas abreviaturas uma a uma em sua primeira ocorrência no texto, da seguinte maneira:

> Remédio anti-inflamatório não esteroide (RAINE).

Mas os leitores perderão esta informação se forem diretamente do resumo ou introdução para a seção de discussão, como a maioria dos leitores provavelmente faz. Então, seria de grande utilidade você listar diretamente as abreviaturas (sob o título "Abreviaturas usadas"). Você pode pôr essa lista ou no rodapé da página de resumo (cf., no capítulo 25, "Digitar", p. 193) ou na página seguinte, em seção separada. Na versão impressa, a lista costumeiramente virá como nota de rodapé na página do título do artigo.

Por fim, não misture abreviaturas com termos por extenso; ou você usa remédio anti-inflamatório não esteroide ou RAINE em todo o artigo.

24

Como apresentar resultados estatísticos

Estatísticas são muito frequentemente usadas "como um bêbado usa um poste, mais para apoio do que para iluminação" (Sumner, 1992). Especialistas no campo podem dizer se seu estudo realmente carece de estatísticas; se carecer, eles poderão ajudá-lo a *planejar* a parte de estatística de seu estudo.

Depois, quando seu estudo estiver completo, você encontrará outra questão séria: como *apresentar* os resultados estatísticos? Quase metade dessas apresentações contêm erros estatísticos (Murray, 1991; Wager, 2006). A seguir, os mais comuns.

Usar *média* em vez de *mediana*

Num estudo descritivo sobre dorsalgia (dor nas costas) durante a gravidez, foi pedido a algumas mulheres que se dobrassem com os braços para baixo. A distância entre as pontas dos dedos e o chão era então medida. O resultado (a média e o desvio padrão) era registrado como

12 ± 14 cm,

ou seja, variando entre -2 e 26 cm, sugerindo que algumas das mulheres devem ter tocado o assoalho algumas vezes com as pontas de seus dedos ficando a alguns centímetros. Essa conclusão surpreendente é o resultado de dados de registro assimetricamente distribuídos (enviesados) quando se usa *média* e padrão de desvio no lugar de *mediana* (o valor intermediário entre o valor inferior e o valor superior) e uma variação percentual, como o intervalo interquartil (do 25º ao 75º percentil).

Uma regra de ouro diz que se o desvio padrão for maior que metade da média, os dados dificilmente podem ser normalmente distribuídos (em forma de sino). Realmente, a maioria dos resultados em ciência biomédica são assimetricamente distribuídos (Lang e Secic, 1997: 47).

Se você for apresentar, na mesma tabela, dados distribuídos normal e anormalmente, isso tem de ser indicado numa nota de rodapé (cf. cap. 8: "Digitando a tabela").

Usar *erro padrão* em vez de *desvio padrão*

O erro padrão médio é invariavelmente menor do que o desvio padrão. Por isso é que é tentador descrever um conjunto de observações com média e erro padrão médio, de maneira a sugerir variação menor nas observações. Mas fazer isso é inadequado, visto que o erro padrão médio, em lugar de ser um termo descritivo, registra a exatidão de uma *estimativa* da média em relação a seu valor desconhecido. O desvio padrão, por sua vez, mede o crescimento dos resultados individuais em torno de uma média *observada*.

Falha em distinguir entre *significância estatística* e *importância biológica*

No exemplo a seguir, tomado de Lang e Secic (1997: 58), um remédio foi indicado como capaz de baixar a pressão sanguínea diastólica por uma média de 8 mm Hg, de 100 a 92 mm Hg – algo estatisticamente significativo ($P < 0{,}05$).

Contudo, como Lang e Secic dizem, uma maneira mais informativa de avaliar um efeito é construir um intervalo de confiança. (Ou seja, um intervalo de confiança [IC] de 95% é simplesmente a média dentro da qual alguém pode ter 95% de certeza de estar incluindo o valor verdadeiro.) Nesse caso, um IC de 95% era de 2 a 14 mm Hg. Isso quer nos dizer que a redução da pressão sanguínea poderia ser igual a 14 mm

Hg, algo que seria *clinicamente* importante, ao passo que uma redução de 2 mm Hg não seria. Logo, um resultado pode ser estatisticamente significante, mesmo que clinicamente inconclusivo. No texto principal, o resultado poderia ser apresentado da seguinte maneira:

> Pressão sanguínea diastólica foi reduzida por uma média de 8 mm Hg, de 100 a 92mm Hg (95% IC = 2 a 14 mm Hg; *P* = 0,02).

Portanto, os valores de *P* são uma estimativa da significância clínica, ao passo que os intervalos de confiança também podem indicar a relevância clínica. Dessa maneira, quando o intervalo de confiança é usado, os leitores não precisam se basear na interpretação do autor; podem julgar por si mesmos.

Apresentação seleta de testes estatísticos múltiplos

Testes múltiplos podem gerar diferenças significativas onde não exista diferença alguma. Com o limiar convencional de *P* = 0,05 para definir um resultado significativo, existe o risco de 1 para 20 de encontrar uma diferença significativa, mesmo na comparação de dois grupos realmente semelhantes. Apresentar apenas resultados significantes de testagem múltipla, como se apenas as análises realizadas importassem, é inadequado — para dizer o mínimo. "Se na pescaria pegam uma bota, os pescadores devem devolvê-la à agua e não dizerem que foram pescar botas" (Mills, 1993).

Um modo de acomodar o problema do teste múltiplo é ajustar o valor de *P* pelo método Bonferroni, ou seja, dividir o valor de *P* pelo número de testes feito. Contudo, para altos números de comparação, o valor de *P* ajustado pode ser praticamente inatingível.

Uma melhor abordagem poderia ser decidir, já no estágio de planejamento, qual teste é de maior interesse e concentrar sua atenção nessa variável no momento de analisar os dados e de escrever o artigo. Outros dados também podem ser analisados e descobertas interessantes podem ser exploradas em pesquisas posteriores. (De fato, muitas rupturas fundamentais decorrem dessas descobertas inesperadas.)

A próxima seção tratará de análises subgrupais, elas que suscitam problemas similares aos da testagem múltipla.

Superinterpretação de efeitos subgrupais

Num experimento conduzido com 16.027 pacientes com suspeita de infarto agudo do miocárdio, Collins *et al.* (1987) fizeram a observação fortuita de que o benefício do tratamento era quatro vezes maior para pacientes nascidos sob o signo astrológico de Escorpião do que para pacientes nascidos sob todos os outros signos juntos. Pesquisa de computador através de subgrupos numerosos torna quase inevitável que alguns resultados "significativos" espúrios, como este por exemplo, apareçam. Mesmo assim, é razoável executar um pequeno número de análises subgrupais – *desde que sejam previamente especificadas* (Altman, 1995: 466). Esse tipo de análise subgrupal poderia provocar ideias a serem confirmadas (ou refutadas) em estudos futuros.

Outro aspecto das análises subgrupais diz respeito à análise de heterogeneidade em experiências com resultados estatisticamente significativos, em vista de avaliar se os resultados são aplicáveis a todos os pacientes (Rothwell, 1995). Por exemplo, um estudo mostrou uma mortalidade perinatal estatisticamente mais significativa entre bebês de mulheres imigrantes do que entre mulheres de origem sueca. Análises subgrupais, contudo, revelaram que os resultados eram aplicáveis apenas a bebês de mulheres da África subsaariana, que apresentavam uma mortalidade perinatal especialmente alta.

Use números *relativos* em vez de *absolutos*

Em um amplo experimento sueco com mamografias, foi reportada uma redução de 24% em mortalidade provocada por câncer de mama. Este número impressionante provocou um clamor público por disponibilização de programas de mamografia, que não teria surgido se um número *absoluto* tivesse sido reportado no lugar de um número *relativo* desorientador. Dado que a mortalidade provocada por câncer de mama caiu de 0,51 para 0,39%, a redução em termos absolutos era, na realidade, de apenas 0,12%.

Uma terceira maneira de apresentar o resultado seria dar o *número que seria necessário tratar*, com o objetivo de proteger um deles da desordem

(Chatellier, 1996). Nesse caso, 833 mulheres teriam de ser regularmente submetidas a mamografia durante doze anos em vista de prevenir uma única morte de câncer de mama. Esse modo de apresentar resultados é facilmente entendido tanto por médicos quanto por pacientes. O relativo risco de redução não deveria, portanto, ser citado sem simultaneamente indicar o risco absoluto de redução ou o número de pacientes carentes de tratamento (Laupacis *et al.*, 1992).

Por fim, os resultados poderiam ser expressos em termos de ocorrências por 100.000 pessoas/ano.

Comentários adicionais

O sinal ±

A notação de uma média observada como 12,3 ± 0,4 não dá indicação de se o segundo número é um desvio padrão ou algo diferente. Uma apresentação mais clara seria:

> A média era de 12,3 (DP 0,4)

ou:

> A média (DP) era 12,3 (0,4).

Com esta construção você também evita o sinal ±. Algumas revistas não permitem seu uso.

P < 0,05 ≠ a verdade

Uma ideia firmemente arraigada é a de que $P < 0{,}05$ = a verdade, enquanto $P > 0{,}05$ = impublicável. Mas valores de P de 0,04 e 0,06, que diferem minimamente, podem levar a interpretações similares em vez de radicalmente diferentes. Para enfatizar esse ponto, o editor de uma das maiores revistas no mundo, *The Lancet*, estava preparado até para um *strip-tease*! Em um seminário para editores, ele despiu o paletó, a gravata e a camisa para exibir uma camiseta que estampava um sinal cruzado no qual se lia $P < 0{,}05$ (Crossan e Smith, 1996). Algumas revistas agora pedem valores de P exatos quando os valores caem acima de 0,001. O sinal < (menor que) anexado ao P seria então usado apenas no extremo $P < 0{,}001$.

Contudo, por razões práticas, em gráficos, o nível de probabilidade pode ser apresentado com asteriscos (*$P < 0{,}05$, +*$P < 0{,}01$, ***$P < 0{,}001$) – desde que os valores exatos de P estejam dados na seção de resultados. Em tabelas, porém, indico usar os valores exatos de P.

25

Digitar

Modelo de digitação do manuscrito

Nas páginas a seguir, mostrarei um manuscrito com um leiaute que pode ser usado quase sempre como modelo para quando você for digitar o seu. Ele segue as recomendações de Vancouver, mas, como se trata de um modelo, pode ser adaptado para estar de acordo com a maioria das outras instruções.

Figura 25.1: O editor em ação. (Cartum de Louis Hellman, publicado pela primeira vez em H. E. Emson. *BMJ,* 1994; 309: 1738; reproduzido com permissão.)

Se seguir esse leiaute, você nunca mais precisará se perguntar outra vez diante de seu processador de textos: "Bem, como vou fazer agora?". Em vez disso, você pode se concentrar no que tiver a dizer. Outra vez, usei *Era uma vez* como texto principal.

Texto em Times New Roman corpo 12 em **espaço duplo**.

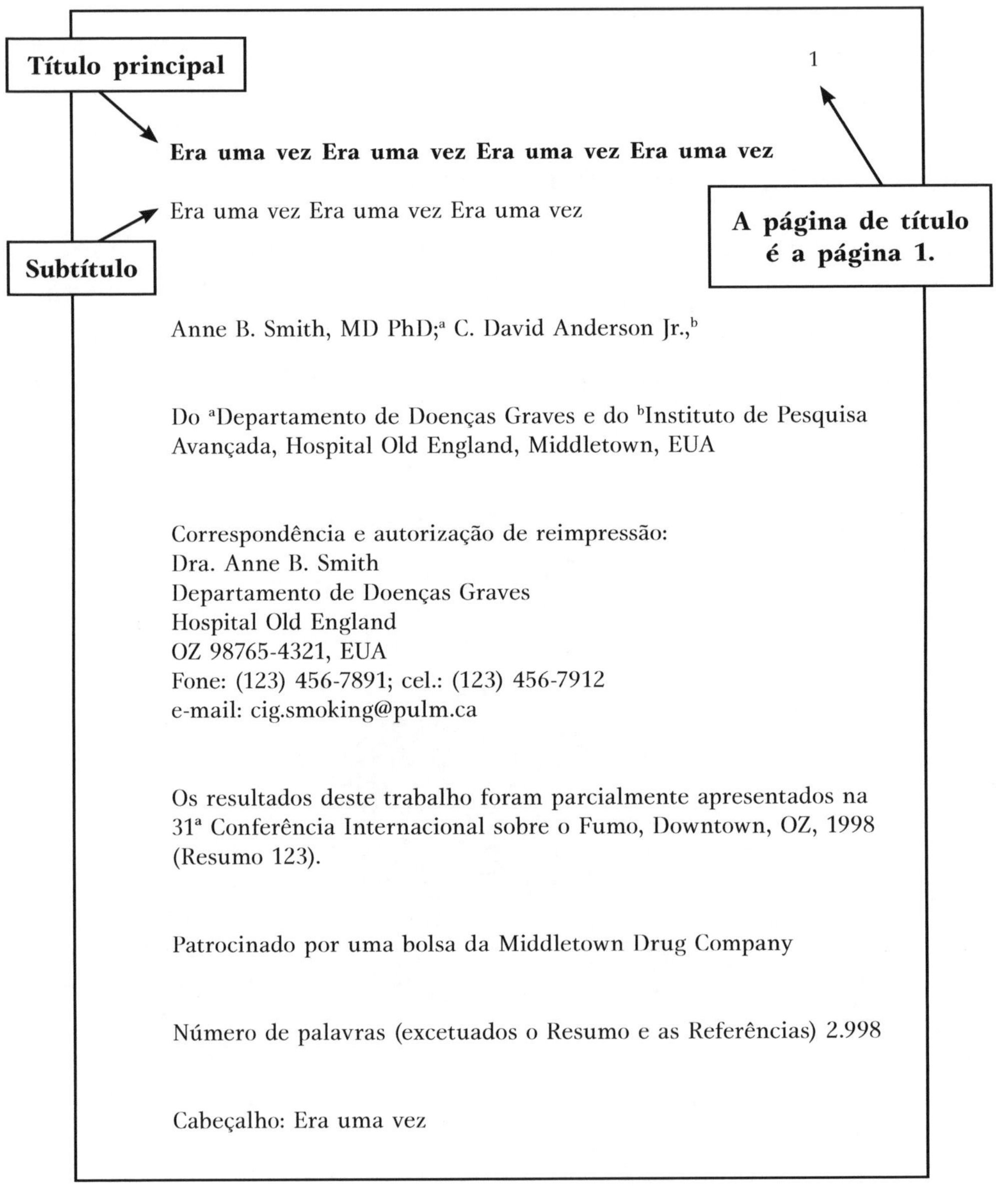

1

Era uma vez Era uma vez Era uma vez Era uma vez

Era uma vez Era uma vez Era uma vez

Anne B. Smith, MD PhD;[a] C. David Anderson Jr.,[b]

Do [a]Departamento de Doenças Graves e do [b]Instituto de Pesquisa Avançada, Hospital Old England, Middletown, EUA

Correspondência e autorização de reimpressão:
Dra. Anne B. Smith
Departamento de Doenças Graves
Hospital Old England
OZ 98765-4321, EUA
Fone: (123) 456-7891; cel.: (123) 456-7912
e-mail: cig.smoking@pulm.ca

Os resultados deste trabalho foram parcialmente apresentados na 31ª Conferência Internacional sobre o Fumo, Downtown, OZ, 1998 (Resumo 123).

Patrocinado por uma bolsa da Middletown Drug Company

Número de palavras (excetuados o Resumo e as Referências) 2.998

Cabeçalho: Era uma vez

2

RESUMO

Contexto. Era uma vez Era uma vez Era uma vez Era uma vez Era uma vez

Métodos. Era uma vez Era uma vez Era uma vez Era uma vez Era uma vez Era uma vez Era uma vez Era uma vez Era uma vez Era uma vez Era uma vez Era uma vez Era uma vez Era uma vez Era uma vez

Resultados. Era uma vez

Conclusões. Era uma vez

Palavras-chave, escritas em ordem alfabética, a serem escolhidas da lista dos Medical Subject Headings (MeSH) do *Index Medicus*. Disponível em: www.nlm.nih.gov

Palavras-chave. Era; Vez

Abreviaturas usadas. MeSH; NLM

Abreviaturas são listadas em ordem alfabética; também devem ser explicadas no texto na primeira menção.

Se possível, use não mais que três níveis de subdivisões, destacadas tipograficamente por:

1. MAIÚSCULAS EM NEGRITO

2. Minúsculas negrito em caixa Alta e baixa

3. *Estilo itálico*

Esse leiaute permite distinguir os títulos usando a fonte Times New Roman corpo 12 em todo o texto.

MÉTODOS

Pacientes

Recrutamento

Era uma vez Era uma vez.

Três "enter" quando um novo título se inicia

Critérios para o diagnóstico

Dois "enter" depois de um título

Era uma vez Era uma vez.

Dois "enter" entre parágrafos; não há necessidade de identação

Era uma vez Era uma vez.

Sem hifenação, exceto para termos compostos como, por exemplo, "meios-termos"

Tratamento

Era uma vez Era u-ma vez Era uma vez Era uma vez Era uma vez Era uma vez Era uma vez Era uma vez Era uma vez Era uma vez Era uma vez.

Texto alinhado à esquerda

Métodos laboratoriais

Era uma vez Era uma vez.

[Insira a figura 1 aproximadamente aqui]

Análise estatística

Era uma vez Era uma vez.

[Tabela 1 pode entrar aqui]

Aqui se trata de sua indicação para o editor de texto sobre onde situar em seu artigo a figura e a tabela. Contudo, atualmente, é comum que você seja solicitado a encaixar tabelas e ilustrações em seu próprio arquivo em Word, ou no processador de textos que costume usar.

O erro mais comum na submissão de manuscritos é usar espaçamento simples ou de 1,5 linha; a inserção de alterações editoriais requer, no mínimo, espaço duplo.

RESULTADOS

Características dos pacientes

Era uma vez Era uma vez.

Algumas revistas exigem espaço triplo.

Resultado do estudo

Era uma vez Era uma vez Era uma vez Era uma vez Era uma vez Era uma vez Era uma vez Era uma vez Era uma vez Era uma vez Era uma vez Era uma vez Era uma vez Era uma vez.

Contudo, a maioria das revistas solicita espaço duplo.

Efeitos adversos

Era uma vez Era uma vez.

A segunda falta mais frequente em artigos submetidos é não numerar as páginas.

DISCUSSÃO

Era uma vez Era uma vez.

8

AGRADECIMENTOS

Era uma vez Era uma vez Era uma vez Era uma vez Era uma vez Era uma vez Era uma vez Era uma vez Era uma vez Era uma vez

Colaboradores

9

Use maiúscula apenas na primeira letra da primeira palavra do título.

REFERÊNCIAS

1. Smith, A. B. Era uma vez Era uma vez Era uma vez. *J Bacteriol*, 1991; 12; 34-5.
2. Smith, A. B. Era uma vez Era uma vez Era uma vez. *Journal of Significant Results*, 1991; 67; 89-90.

Abreviaturas de nomes de revista devem vir de acordo com o *Index Medicus*

Se não houver abreviaturas no *Index Medicus* para o nome da revista, seu nome deve vir por extenso.

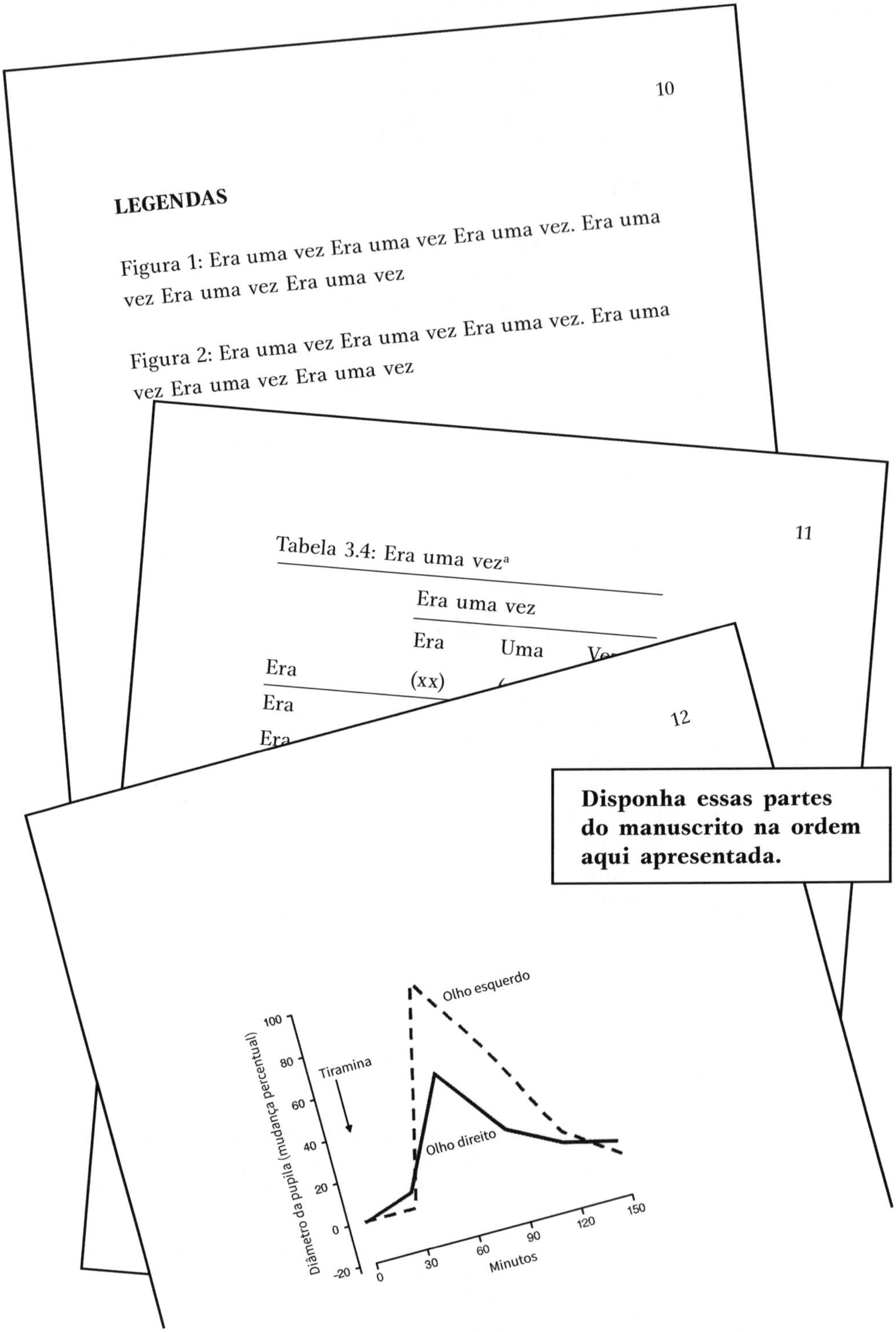
10
LEGENDAS
Figura 1: Era uma vez Era uma vez Era uma vez. Era uma vez Era uma vez Era uma vez
Figura 2: Era uma vez Era uma vez Era uma vez. Era uma vez Era uma vez Era uma vez
11
Tabela 3.4: Era uma vez[a]
Era uma vez
Era
Uma
Era
(xx)
Era
12
Disponha essas partes do manuscrito na ordem aqui apresentada.
Olho esquerdo
Tiramina
Olho direito
Diâmetro da pupila (mudança percentual)
100
80
60
40
20
0
-20
0
30
60
90
120
150
Minutos

"Espaçamento Twain"

Samuel L. Clemens (Mark Twain) afirma em sua autobiografia que *Tom Sawyer* (publicado em 1876) foi o primeiro manuscrito datilografado (White, 1988). Em espaço duplo.

Embora quase todos os autores agora deem espaço duplo no texto principal de seus manuscritos, muitos deles parecem considerar que o espaçamento simples é o mais adequado para a lista de referências. Embora seja esta a seção em que a maioria das emendas editoriais tenham de ser feitas. Textos em espaço simples são impossíveis de editar claramente.

Times 12

A fonte Times é uma escolha padrão para jornais e outros periódicos. (Ela foi originalmente desenhada para o jornal *The Times*, de Londres.) O texto diagramado em Times é fácil de ler e seu desenho compacto economiza muito espaço. Por isso é que a fonte Times deve ser a escolha certa para você na digitação de seu manuscrito. Corpo 12 é o recomendado. Mas há uma exceção. Helvetica, uma fonte sem serifa, é considerada melhor para texto que não se destine a uma leitura contínua, como gráficos.

Evite maiúsculas dentro do texto

TEXTO DIGITADO EM MAIÚSCULAS É MAIS DIFÍCIL DE LER PORQUE LETRAS MAIÚSCULAS NÃO APRESENTAM FORMATO DISTINTO, ao passo que letras em caixa baixa têm hastes, como a letra *b*, e descendentes, como a letra *p*, que distinguem as letras umas das outras, facilitando a leitura.

Contudo, em títulos principais, como RESULTADOS, as maiúsculas são recomendadas por conta de distinguir esse nível de título dos subtítulos.

Estilo caixa Alta e baixa *vs.* estilo caixa baixa

A maioria das revistas nos Estados Unidos usa o estilo caixa Alta e baixa em títulos e cabeçalhos. Quer dizer: a primeira letra de cada palavra vem em maiúscula. Exceções são os artigos (um, o, a), as preposições (de, em) e as conjunções coordenativas (e, ou). A seguir, um exemplo da *N. Engl. J. Med.* (Grüters *et al.*, 1995):

> Persistência de Diferenças nos Níveis de Iodo em Recém-nascidos depois da Reunificação de Berlim.

Mas a maioria dos outros países usa o estilo "caixa baixa", também chamado de estilo de frase, visto que apenas a primeira letra da primeira palavra vem em caixa alta:

> Persistência de diferenças nos níveis de iodo em recém-nascidos depois da reunificação de Berlim.

Neste livro, optei pelo estilo caixa baixa, até mesmo no título do livro (*Como escrever e ilustrar um artigo científico*). O estilo caixa baixa é de mais fácil leitura – pelo menos internacionalmente.

Extensão de um manuscrito

Editores têm um fraco por artigos curtos. Mesmo fatos complexos podem ser explicados em poucas páginas. Um exemplo clássico é o relato de Watson e Crick (1953) sobre a estrutura do DNA, que ocupa apenas uma página na *Nature*, e é acessível até para quem não é químico.

A maioria das revistas biomédicas não aceitará manuscritos com mais de 3.000, 4.000 palavras (mais referências, figuras e tabelas). Visto que uma página em espaço duplo tem cerca de 300 palavras, isso quer dizer um máximo de 10 a 14 páginas de texto corrido. Todavia, a apresentação de resultados de alguns temas, como ciência ocupacional, ética médica, enfermagem e cuidados médicos, pode carecer de maior espaço. Leia as "Instruções aos autores" da revista na qual pretende publicar para ver o número de palavras permitido.

Imaginemos que seu artigo deva ter 12 páginas impressas. Para determinar a justa proporção entre as diversas partes de seu artigo, você deve reservar apenas uma página à introdução e cerca de 3-4 páginas às seções de métodos, resultados e discussão.

Importância da pontuação

Dê atenção à pontuação. Por exemplo, uma vírgula incorretamente posta pode alterar completamente o sentido, como em *Eats, Shoots & Leaves* (2003), de Lynne Truss. Truss explica na contracapa que um urso panda entra num café, come um sanduíche e dispara uma arma para o alto. Quando se encaminha para sair, ele joga um manual da vida selvagem pessimamente pontuado para um confuso garçom e lhe diz para consultar a seção dedicada a sua espécie. O garçom vai à seção indicada e lê:

> *Panda.* Large black-and-white bear-like mammal, native to China. Eats, shoots and leaves. [*Panda.* Grande mamífero branco e preto aparentado aos ursos, nativo da China. Come, atira e vai embora, quando deveria ser "Eats shoots and leaves" = "Come brotos e folhas".]

Vi a passagem a seguir na revista semana *Time.* Na falta de pontuação adequada, a confusão está feita:

> Woman without her man has no reason for living
> [Mulher sem seu homem não tem razão para viver],

quando se deveria ler:

> Woman: without her, man has no reason for living
> [Mulher: sem ela, o homem não tem razão para viver.]

Há quem aprenda as convenções tipográficas desde cedo, como a menina de 5 anos a quem se pediu para explicar por que usamos "ponto final" quando acaba uma frase (Henshaw, *apud* Hartley, 1994). E ela respondeu:

> É para concluir uma frase. Se você não puser um ponto final e escrever uma letra, os outros podem pensar que você esqueceu de escrever a outra metade.

26

Lidar com editores e pareceristas

Acolha respeitosamente os comentários dos pareceristas

Eis uma pergunta feita por um participante de curso:

> Estou inteiramente à mercê da boa vontade dos editores e dos pareceristas? Ou posso ousar defender meu próprio ponto de vista quando achar que o parecerista pode ter-se equivocado em algum ponto? Estarei sendo descortês se agir assim?

Não, não estará – se o fizer educadamente. Portanto, não exatamente do modo a seguir, reportado a partir de uma carta de apresentação ao editor de *Cardiovascular Research* (Hearse e a equipe editorial, 1992):

> Muitos dos "problemas" que o parecerista teve com nosso manuscrito parecem decorrer de seu entendimento limitado da eletrofisiologia ou de nossa incapacidade de explicar observações em um nível mais básico.

Nesse caso, o parecerista era simplesmente o mais eminente pesquisador em eletrofisiologia. Em vez disso, tente escrever como se o parecerista fosse o próprio Deus Pai Onipotente. Mas não hesite em expor claramente sua posição:

> Obrigado por suas críticas tão construtivas a meu artigo. Seguem meus comentários às sugestões expostas em seu parecer.
> *Página 3, linhas 2-5.* O que eu pretendia dizer era...
> Reescrevi toda a passagem para esclarecer meu ponto de vista.
> *Página 4, linhas 3-5.* ...

Não se esqueça de que o parecerista deve ter investido horas de esforço voluntário com seu manuscrito.

Pareceristas atrasam?

A seguir, outra pergunta de um participante de um curso:

> Qual é o risco de o artigo cair em mãos de um adversário que atrasa todo o processo?

É extremamente incomum que os pareceristas atrasem a publicação de um artigo e incorporem as ideias do trabalho que estão analisando a suas próprias publicações. Quase sem exceção, pareceristas são mulheres e homens honestos.

Se estas palavras não aplacarem seus medos, o que você pode fazer para proteger suas ideias de serem roubadas? Um modo adequado poderia ser apresentar seus resultados a um congresso antes de submeter o artigo à publicação – dessa forma, seus resultados estariam a salvo nos cadernos de resumo do congresso. Mas você pode ter realmente a certeza de que a pessoa que ler o resumo que você está submetendo ao congresso não vai vazar suas ideias antes de o resumo ser publicado? Não, tal certeza não existe. Então, se você não pode suportar tanta incerteza, melhor pensar em não publicar – deixando a ciência ver-se privada de suas inéditas descobertas.

Trabalho inédito

O parecerista precisa ter acesso a todos os artigos que você indique em seu manuscrito. Dessa forma, quando submeter seu manuscrito, inclua cópias de todas as obras "no prelo", "em manuscrito", ou "em preparação" que você mencione em seu artigo. Se você não providenciar isso, a avaliação de seu trabalho poderá ficar incompleta. Um leitor crítico escreveu:

> A maior parte do material metodológico fundamental citado está "no prelo" e não pode ser avaliado por este leitor crítico.

Mas não se esqueça de que os pareceristas têm acesso a seus próprios trabalhos. Uma parecerista me contou em sua resposta:

> Muito do que eles dizem é claramente citação direta do meu próprio artigo.

Encurtar o manuscrito

Pediu-se a determinado autor que encurtasse o texto de seu manuscrito. Em sua (séria?) carta de apresentação, ele disse (Baumeister, 1992):

> Você sugeriu que encurtássemos o manuscrito em 5 páginas, e nós conseguimos fazer isso adequadamente alterando as margens e imprimindo o artigo em uma fonte diferente e com um corpo menor. Concordamos que, assim, o artigo ficou muito melhor.

Um autor ainda mais ambicioso fez o seguinte:

> Como sugerido em sua carta, reduzimos o texto em cerca de 30%. O número de palavras na versão revisada, comparado com a versão anterior:

	Agora	Antes	Corte percentual
Introdução	386	520	26%
Métodos	1.006	1.605	37%
Resultados	2.037	2.762	26%
Discussão	1.182	1.561	20%
Contagem total	4.611	6.345	27%

Talvez você possa encontrar uma abordagem a meio caminho.

Figura 26.1: O editor em sua escrivaninha (cartum de Björn Gustavii).

Aceito ou recusado

Se seu artigo for aceito, você deve receber um cartão pré-impresso com uma curta declaração, como eu recebi:

> Caro(a) Doutor(a):
> Seu manuscrito foi aceito para publicação. Ele será enviado ao Editor e no prazo devido, o(a) senhor(a) receberá uma prova para revisão.

Já uma carta de recusa pode parecer emocionantemente delicada, como uma que recebi de *The Lancet:*

> Prezado Dr. Gustavii,
> Espero não desanimar o senhor por não poder aprovar esse artigo. Eu gostaria de ter sido capaz de permitir aos nossos leitores tomarem contato com seus tão interessantes achados, mas nesse momento estamos tão pressionados pela falta de espaço... Tenho certeza de que o senhor dará prontamente novo encaminhamento a seu artigo.

Fiquei devastado, mas fui consolado pelo fato de não estar sozinho. Em 1937, a *Nature* rejeitou uma proposta de publicação de Hans Krebs, na qual ele descrevia o ciclo do ácido cítrico – uma das características centrais do metabolismo celular, atualmente conhecido como ciclo de Krebs. Mas o artigo foi aceito pelo editor de *Enzymologia*. Em 1953, Krebs ganhou um prêmio Nobel em reconhecimento por seu trabalho.

27

Correção de provas

Popeye, o amado personagem de cartum, provavelmente nunca teria sido criado se não fosse por um décimo posto no lugar errado. Como vocês sabem, Popeye retira sua força da ingestão de espinafre, tido como rico em ferro. Tal equívoco deriva de um relatório que indicava, por conta de um décimo deslocado, que o espinafre tem um conteúdo ferroso dez vezes superior a seu verdadeiro valor. Um erro sem correção desses raramente tem consequências tão divertidas, é preciso frisar.

O que corrigir

Quando receber sua obra-prima (ou receber o *link* para vê-la no *site* da revista), lindamente diagramada ainda em provas gráficas, você não está autorizado a inserir novas informações relevantes que tenha descoberto. Mas pode escrever um adendo (também chamado de "notas acrescentadas à prova") posto ao final do texto principal, antes da lista de referências. A principal razão de usar um adendo é o aspecto ético de acrescentar ao corpo do texto alguma nova matéria ou revisão que contenha material não aprovado pelo parecerista. A seguir, veja um exemplo de apresentação de informação nova (Federle *et al.*, 1982):

> **Adendo**
> Desde que o manuscrito foi submetido, mais 25 pacientes foram estudadas. A pelvimetria por radiografia digital substituiu inteiramente o método convencional nessa instituição.

Se você citou um artigo como "no prelo" e ele já tiver sido publicado, atualize a referência indicando volume, ano e paginação.

Fazer correções

Como quase tudo no campo da publicação científica, a correção de provas vem mudando na era eletrônica. Geralmente, os autores recebem provas por meio eletrônico ou têm acesso a elas através de *sites*. Existe tecnologia por meio da qual a revisão eletrônica de provas pode mostrar as correções eletronicamente. Siga as instruções correntes que a revista envia junto com as provas.

Contudo, o procedimento convencional na correção de provas impressas é marcar a emenda necessária duas vezes, uma no exato lugar em que o erro ocorre e outra à margem. Diagramadores vão pelas margens e não perceberão as correções indicadas se você não tiver indicado a mudança à margem.

Você não precisa saber nada além das marcas mostradas neste capítulo; elas abrangem a maioria dos casos de correção na maioria das provas. Mas, nos poucos casos para os quais você não encontrar uma marcação indicada aqui, simplesmente escreva uma instrução para o diagramador na margem e a circule. Escreva a correção ao lado da instrução e faça uma marca apropriada no texto mostrando o material novo e corrigido a ser inserido (figura 27.1).

Tabela 27.1: Marcas de correção comumente usadas em revisão

Marque o texto	Significado	À margem
E ra uma vez	Juntar	⁀‿
Era umavez	Acrescentar espaço	#
uma ^vez	Ver espaçamento entre as palavras	^
Era umaa vez	Apagar	ϑ
uma veez	Apagar e juntar	ϑ
uma vcz	Substituir	e/
Ele ~~lucrava~~	Substituir	ganhava /
Uma vez, não duas^	Inserir ponto	⊙
Uma^não duas vezes	Inserir vírgula	^,
vez Uma	Transpor	⊓⊔
uma	Caixa alta	CA
Uma Vez	Caixa baixa	cb
A Bela Adormecida	Italizar	it

A seguir, uma amostra de texto com erros marcados, corrigidos e comentados.

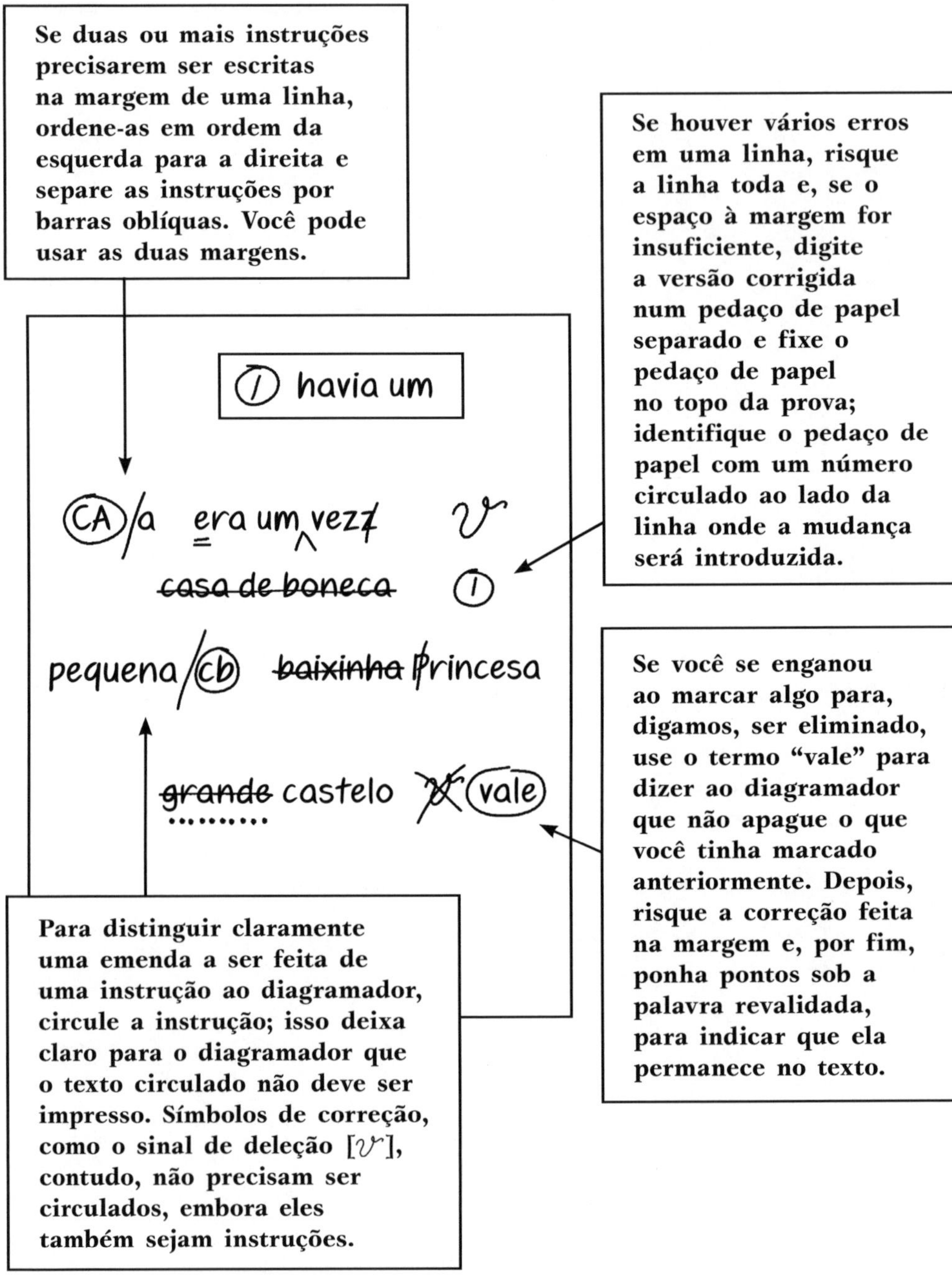

Figura 27.1: E aqui está a Bela Adormecida: "Era uma vez, havia uma princesinha que vivia em um grande castelo".

28

Responsabilidades dos autores

Direito dos sujeitos de pesquisa à privacidade

Como proteger a identidade de um sujeito? Na figura a seguir, executada com uma pitada de humor, o anonimato de ambos os sujeitos foi protegido pela tradicional tira preta sobre os olhos.

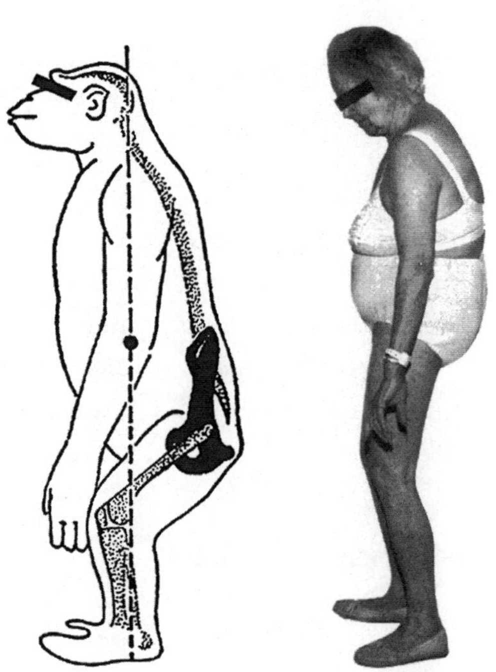

Figura 28.1: Postura simiesca, semelhante à postura de um gorila antropoide, pode ser uma pista valiosa para o diagnóstico da estenose vertebral (reproduzido, com permissão, de Simkin, *The Lancet,* 1982).

Mesmo assim, poucas semanas depois, na seção "Cartas ao Editor", um leitor disse que, não obstante tenha sido usada uma tarja sobre os olhos do animal, ele imediatamente reconheceu um gorila que vira no zoológico de Melbourne e sugeria que os autores tomassem mais cuidado na preservação do anonimato quando apresentassem dados do gorila (Millar, 1982).

Essa observação nos revela que uma barra preta sobre os olhos pode ser insuficiente para garantir anonimato ao sujeito. Então, em casos como esses, é preciso obter o consentimento informado, como o recomenda o Comitê Internacional dos Editores de Revistas Médicas [International Committee of Medical Journal Editors, 1995 (icmje.org)]. A mulher da figura acima deve ter dado tal consentimento. A figura de Simkin também nos diz que autores não têm de ser sempre mortalmente sérios em seu relato. Muitas vezes, o bom humor pode transmitir a mensagem.

Duplicar submissões

Um dos participantes de meu curso perguntou:

> Se eu submeter um artigo a uma revista, posso simultaneamente, em versão revisada, enviar o artigo (com mesmo assunto, mesmo material) a outra revista? Ou minha nascente carreira de pesquisador acabaria ali mesmo?

Sim, isso seria o fim! Um júri unânime daria a você nada menos que uma sentença de morte por autoplágio, como ocorreu com um autor que submeteu o mesmo manuscrito a duas revistas nos Estados Unidos. Todas as revistas norte-americanas atuantes no mesmo nicho decidiram nunca mais avaliar manuscrito algum proveniente do laboratório daquele cientista (Abelson, 1982).

Empréstimo de material publicado

Outra pergunta de um participante de curso:

> Se eu redesenhar uma ilustração já publicada, fazendo algumas alteraçõezinhas, posso dizer que ela é "minha"?

Não, normalmente não. Se a ilustração anteriormente publicada tiver "características originais" e se tais características forem mantidas na figura redesenhada, você deve pedir permissão para reproduzi-la. Agora, o que constitui a originalidade de uma ilustração? Visto que até mesmo juízes em processos sobre esse tema podem discordar, o que temos de fazer é recorrer a nossa intuição para encontrar uma resposta quando a questão for suscitada. Aqui está minha própria visão pessoal nos dois casos.

Eu vi o cartum viking original num jornal diário (topo esquerdo da figura 28.2). O viking encoraja os leitores a dizerem NEJ (NÃO) à União Europeia, um tema muito distante do ensino de como escrever um artigo científico. Mas achei a figura útil a meu propósito desde que o texto na pedra fosse trocado depois de clarear as áreas da boca e dos olhos e de refazer a expressão facial. Todavia, essas alterações não tornavam "minha" a figura redesenhada, visto que suas características originais se mantinham quase inalteradas. Logo, eu precisava obter permissão para publicá-la (base da figura 28.2; ver também a figura 2.1).

Figura 28.2: É necessário obter permissão para publicar um cartum redesenhado (*base*), visto que a originalidade da gravura (*topo à esquerda*) está mantida (redesenho, com permissão, de Majewski, 1994).

Por outro lado, quando as características de uma figura não são copiadas, a permissão não se faz necessária. Por exemplo, usei uma figura de um manual (à esquerda da figura 28.3) sem permissão como modelo para desenhar a figura à direita.

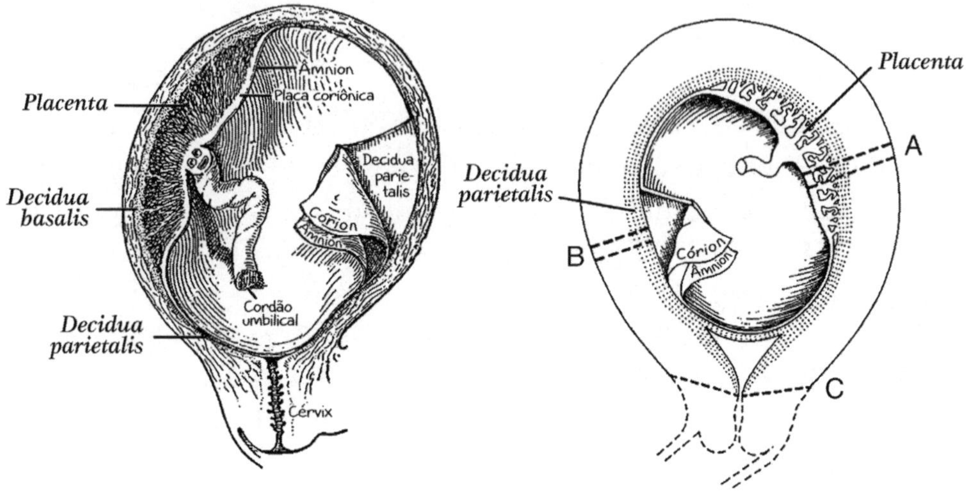

Figura 28.3: Permissão não foi necessária para redesenhar a figura (à direita), visto que as característica da figura original (à esquerda) não estão copiadas.

Todavia, para reproduzir essas duas figuras neste livro aqui, precisei obter permissão. Portanto, a figura à esquerda é reproduzida, com permissão, de Arey (1954); a da esquerda é reproduzida de Gustavii (1975), com autorização da editora. Veja que precisei obter permissão para reproduzi-la mesmo que a figura tenha sido redesenhada por mim para um artigo de minha própria autoria. Como de praxe, antes da publicação de meu artigo, me foi solicitado que assinasse uma declaração transferindo meu *copyright* ao editor, incluindo tanto o texto quanto as ilustrações.

Como obter permissão para reproduzir material protegido pelo *copyright*? Cada vez mais revistas vêm se associando ao Copyright Clearance Center (CCC; www. copyright.com). Por meio desse serviço você pode obter permissão *online* imediata. Tudo automatizado, sem nenhuma pessoa envolvida. Em outras revistas, você ainda escreve para um ser humano no departamento de gestão de direitos autorais. Quase sempre, a permissão do autor também é requerida. Um autor escreveu (indicando ter apreciado o contato):

> Fico feliz de conceder permissão.

Mesmo assim, às vezes, pode ser um pouco complicado ter acesso ao autor. Por exemplo, um autor deixou sua pesquisa em economia numa universidade americana e se juntou ao governo grego na época da crise econômica da Grécia. Depois de várias solicitações sem resposta, a revista por fim me deu permissão para usar a figura solicitada.

Também é preciso pedir permissão para reproduzir uma tabela (ou parte dela) ou para citar um texto mais extenso (digamos, de 100 palavras ou mais).

Eu usava como modelo a carta mostrada na figura 28.4 quando escrevia a autores. Ela também pode ser usada, depois de levemente adaptada, para escrever ao departamento de direitos autorais de uma revista ou a um ilustrador.

> 6 de agosto de 2013
>
> Professor Ronald McKinnon
> Departmento de Economia
> Universidade Stanford
> Stanford, California 94305
>
> Prezado Professor McKinnon,
>
> Estou preparando a 3ª edição de meu livro, *Como escrever e ilustrar um artigo científico*, pela Cambridge University Press.
>
> Eu agradeceria muito ter sua permissão para reproduzir a figura 1 de:
>
> McKinnon, R. China's Exchange Rate Trap: Japan Redux?
>
> *Am. Econ. Rev.*, 2006; 96: 427-431.
>
> Créditos serão dados à fonte na página onde a figura aparecer, na forma seguinte:
>
> Reproduzido, com permissão de MacKinnon, *American Economic Review,* 2006.
>
> Referência completa será dada na lista de referências.
>
> Também escrevi à Associação Americana de Economia solicitando permissão para reproduzir essa figura.
>
> Muito atenciosamente,
>
> Björn Gustavii, MD PhD
> Clemenstorget 3
> SE—222 21 LUND
> Sweden

Figura 28.4: Modelo que pode ser usado, por *e-mail*, no ato de solicitação de permissão para uso de material sob *copyright*.

Salve seus dados originais

Quando tiver concluído seu artigo, você pode questionar o que fazer com todo o material bruto coletado. Deve descartá-lo? Não! Claro que não. Sua revista alvo pode solicitar acesso a ele. Por exemplo, se você submete um artigo à *JAMA*, tem de assinar uma declaração dizendo: "Atesto que, quando solicitado, apresentarei os dados ou cooperarei plenamente para a obtenção e provimento dos dados nos quais o manuscrito está baseado para análise por parte dos editores ou aqueles que eles designem" (*JAMA*, 2015). Até mesmo após a publicação, você tem o compromisso de disponibilizar a quem o peça os dados originais de seu artigo – uma responsabilidade que carregará por, pelo menos, cinco anos pós-publicação.

Leitura indicada

Manuais de escrita

ALBERT, T. (2000). *The A–Z of Medical Writing.* Londres: BMJ Books.

ALLEY, M. (1997). *The Craft of Scientific Writing.* Nova York: Springer-Verlag.

BOOTH, V. (1993). *Communicating in Science. Writing a Scientific Paper and Speaking at Scientific Meetings.* Cambridge: Cambridge University Press.

BROWNER, W. S. (1999). *Publishing and Presenting Clinical Research.* Baltimore: Williams & Wilkins.

BYRNE, D. W. (1998). *Publishing Your Medical Research Paper. What They Don't Teach You in Medical School.* Baltimore: Williams & Wilkins.

DAVIS, M. (2004). *Scientific Papers and Presentations.* San Diego: Academic Press.

DAY, R. A.; GASTEL, B. (2006). *How to Write and Publish a Scientific Paper.* Westport: Greenwood Press.

GOODMAN, N. W.; EDWARDS, M. B.; BLACK, A. (2006). *Medical Writing: A Prescription for Clarity.* Cambridge: Cambridge University Press.

HALL, G. M. (2003). *How to Write a Paper.* Londres: BMJ Books.

HUTH, E. J. (1999). *Writing and Publishing in Medicine.* Baltimore: Williams & Wilkins.

ILES, R. L. (2003). *Guidebook to Better Medical Writing.* Washington: Island Press.

KING, S. (2002). *On Writing. A Memoir of the Craft.* Nova York: Pocket Books, pp. 139-288.

MALMFORS, B.; GARNSWORTHY, P.; GROSSMAN, M. (2005). *Writing and Presenting Scientific Papers.* Nottingham: Nottingham University Press.

MATTHEWS, J. R.; BOWEN, J. M.; MATTHES, R. W. (2001). *Successful Scientific Writing. A Step-by-Step Guide for the Biological and Medical Sciences.* Cambridge: Cambridge University Press.

MONTGOMERY, S. L. (2002). *The Chicago Guide to Communicating Science (Chicago Guides to Writing, Editing, and Publishing).* Chicago: University of Chicago Press.

O'CONNOR, M. (1991 [1999]). *Writing Successfully in Science.* Londres: E & FN Spon.

SCHOENFELD, R. (1989). *The Chemist's English.* Nova York: Wiley-VCH.

WOODFORD, F. P. (1999). *How to Teach Scientific Communication.* Bethesda: Council of Biology Editors.

TAYLOR, R. B. (2005). *The Clinician's Guide to Medical Writing.* Nova York: Springer.

ZEIGER, M. (1999). *Essentials of Writing Biomedical Research Papers.* Nova York: McGraw-Hill Professional Publishing.

Pontuação

CAREY, G. V. (1976). *Mind the Stop. A Brief Guide to Punctuation.* Londres: Penguin.

TRUSS, L. (2003). *Eats, Shoots & Leaves. The Zero Tolerance Approach to Punctuation.* Londres: Profile Books.

Manuais de redação

American Medical Association Manual of Style (2007). Nova York: Oxford University Press.

COGHILL, A. M.; GARSON, L. R. (orgs.). *The ACS Style Guide: Effective Communication of Scientific Information (An American Chemical Society Publication)* (2006). Washington: American Chemical Society.

HUTH, E. J. (org.). *Scientific Style and Format: The CBE Manual for Authors, Editors, and Publishers.* (1994). Nova York: Cambridge University Press.

Publication Manual of the American Psychological Association. (2001). Washington: American Psychological Association.

RUBENS, P. (org.). *Science & Technical Writing. A Manual of Style.* (2001). Nova York: Routledge.

Ilustrações

BRISCOE, M. H. (1996). *Preparing Scientific Illustration. A Guide to Better Posters, Presentations, and Publications.* Nova York: Springer-Verlag.

HARRIS, R. L. (1999). *Information Graphics. A Comprehensive Illustrated Reference.* Nova York: Management Graphics.

TUFTE, E. R. (2001). *The Visual Display of Quantitative Information.* Cheshire: Graphics Press.

Estatística

ALTMAN, D. G. (2006). *Practical Statistics for Medical Research.* Londres: Chapman & Hall.

LANG, T. A.; SECIC, M. (2006). *How to Report Statistics in Medicine. Annotated Guidelines for Authors, Editors, and Reviewers.* Filadélfia: American College of Physicians.

Obras citadas

ABELSON, P. H. (1982). Excessive zeal to publish. *Science*, n. 218, p. 953.

ALTMAN, D. G. (1985). Comparability of randomised groups. *Statistician*, n. 34, p. 125-36.

ALTMAN, D. G. (1995). *Practical Statistics for Medical Research.* Londres: Chapman & Hall.

ANDERSSON GRÖNLUND, M. (2005). *Ophthalmologic Characteristics and Neuropediatric Findings – With Special Emphasis on Children Adopted from Eastern Europe.* Tese de doutorado. Göteborg: The Sahlgrenska Academy at Göteborg University.

ANDOLF, E. (1989). *Sonography of the Female Pelvis with Emphasis on Ovarian Tumours.* Tese de doutorado. Lund: University of Lund.

AREY, L. B. (1954). *Developmental Anatomy. A Textbook and Laboratory Manual of Embryology.* Filadélfia: Saunders, p. 130.

AZEM, J. (2005). *Approaches to Analyses of Cytotoxic Cells, and Studies of their Role in H. Pylori Infection.* Tese de doutorado. Göteborg: The Sahlgrenska Academy at Göteborg University.

BAILAR, J. C. (1986). Science, statistics, and deception. *Ann. Intern. Med.*, n. 104, p. 259-260.

BAKER, J. R. (1955). English style in scientific papers. *Nature*, n. 176, p. 851-852.

BARANTO, A. (2005). *Traumatic High-Load Injuries in the Adolescent Spine. Clinical, Radiological and Experimental Studies.* Tese de doutorado. Göteborg: The Sahlgrenska Academy at Göteborg University.

BAUM, J. K.; WORM, B. (2009). Cascading top-down effects of changing oceanic predator abundances. *J. Anim. Ecol.* n. 78, p. 699-714.

BAUMEISTER, R. F. (s.d.). Dear Journal Editor, it's me again. Dialogue [*apud* Hearse, 1992].

BEGG, C.; CHO, M.; EASTWOOD, S.; HORTON, R.; MOHER, D.; OLKIN, I. *et al.* (1996). Improving the quality of reporting of randomized controlled trials. The Consort Statement. *JAMA*, n. 276, p. 637-639.

BEGLEY, S. (1996). To stand and raise a glass. *Newsweek,* 1º jul., p. 42-45.

BENGTSSON, L. P. (1968). Therapeutic abortion by means of intra-uterine injections. techniques, effects, risk and mechanisms of effect. *Medical Gynecology & Sociology*, n. 3, p. 6-14.

BENNET, S. (1992). *Churchill* [documentary]. Londres: British Broadcasting Corporation.

BERGSTRÖM, A. (1994). *Experimental Retinal Cell Transplants.* Disser. Lund: University of Lund.

BMJ. (1985). Reference 13. [editorial], n. 291, p. 1746.

BRECKE, P. (1999). *Violent conflicts 1400 A.D. to the present in different regions of the world.* Paper presented at the 1999 meeting of the Peace Science Society, Ann Arbor, MI.

BROAD, W. J. (1981). The publishing game: Getting more for less. Meet the least publishable unit, one way of squeezing more papers out of a research project. *Science*, n. 211, p. 1137-1139.

BROWNLOW, K.; GILL, D. (1983). *Unknown Chaplin* [video]. Thames Video Collection.

BRUGGER, P.; MARKTL, W.; HEROLD, M. (1995). Impaired nocturnal secretion of melatonin in coronary heart disease. *Lancet*, n. 345 p. 1408.

BULL, S. (2004). 'The land of murder, cannibalism, and all kinds of atrocious crime?' Maori crime in New Zealand, 1853-1919. *Brit. J. Criminol.* 44: 496-519.

BURROUGH-BOENISCH, J. (2006). EATAW (European Association for the Teaching of Academic Writing) email forum. Disponível em: http://eataw.eu/eataw%20board.html; acesso: 17 abr. 2017.

CARLING, P. (2006). EATAW (European Association for the Teaching of Academic Writing) email forum. Disponível em: http://eataw.eu/eataw%20board.html; acesso: 17 abr. 2017.

CHAMAILLÉ-JAMMES, S.; FRITZ, H.; VALEIX M.; MURINDAGOMO, F.; CLOBERT, J. (2008). Resource variability, aggregation and direct density dependence in an open context: the local regulation of an African elephant population. *J. Anim. Ecol.* n. 77, p. 135-144.

CHAPLIN, C. (1973). *My Autobiography*. Harmondsworth: Penguin, p. 208.

CHATELLIER, G.; ZAPLETAL, E.; LEMAITRE, D.; MENARD, J.; DEGOULET, P. (1996). the number needed to treat: a clinically useful nomogram in its proper context. *BMJ*, n. 312, p. 426-429.

CHERNIN, E. 1988. The "Harvard System": A mystery dispelled. *BMJ*, n. 297, p. 1062-1063.

CHRISTENSEN, K. K. (1980). *Group B Streptococci. Aspects on Urogenital Epidemiology and Obstetrical Significance*. Tese de doutorado. Lund: University of Lund.

CLARKE, K. W.; GRAY, D.; KEATING, N. A.; HAMPTON, J. R. (1994). Do women with acute myocardial infarction receive the same treatment as men? *BMJ*, n. 309, p. 563-566.

COLLINS, R.; GRAY, R.; GODWIN, J.; PETO, R. (1987). Avoidance of large biases and large random errors in the assessment of moderate treatment effects: the need for systematic overviews. *Stat. Med.*, n. 6, p. 245-250.

CONSORT Website. (2001). www.consort-statement.org; acesso: 17 abr. 2017.

Council of Biology Editors' Style Manual Committee. (1994). *Scientific Style and Format. The CBE Manual for Authors, Editors, and Publishers*. Nova York: Cambridge University Press.

CRICHTON, M. (1975). Medical obfuscation: Structure and function. *N. Engl. J. Med.*, n. 293, p. 1257-1259.

CROSSAN, L.; SMITH, R. (1996). The BMJ/EASE Workshop for Editors. *CBE Views*, n. 19, p. 29-30.

DALY, L.; BONNAR, J. (1990). Comparative studies of 30 µg ethinyl estradiol combined with gestodene and desogestrel on blood coagulation, fibrinolysis, and platelets. *Am. J. Obstet. Gynecol.* n. 163, p. 430-7.

DANEL, C.; MOH, R.; MINGA, A. *et al.* (2006). CD4-guided structured antiretroviral treatment interruption strategy in hiv-infected adults in west africa (Trivacan ANRS 1269 Trial): A randomised trial. *The Lancet*, n. 367, p. 1981-1989.

DAY, R. A. (1995). *Scientific English. A Guide for Scientists and Other Professionals*. Phoenix: Oryx Press.

DAY, R. A.; GASTEL, B. (2006). *How to Write and Publish a Scientific Paper.* Westport: Greenwood Press.

DE LOOZE, S. (2002). Rules on virgules. *European Science Editing*, n. 28, p. 108-110.

DEMBIEC, D. P.; SNIDER, R. J.; ZANELLA. A. J. (2004). The effects of transport stress on tiger physiology and behavior. *Zoo Biology*, n. 23, p. 335-346.

DHUNGEL, S. K.; O'GARA, B. W. (1991). Ecology of the hog deer in Royal Chitwan National Park, Nepal. *Wildlife Monogr*. n. 119, p. 1-40.

DIXON, B. Plain Words Please. (1993). *New Scientist*, n. 137, p. 39-40.

DOBBEL, C. (1938). DR. O. UPLAVICI (1887-1938). *Parasitology*, n. 30, p. 239-241.

EDMONDS J. A.; CLARKE, J.; DOOLEY, J.; KIM, S. H.; SMITH, S. J. (2004). Modeling greenhouse gas energy technology responses to climate change. *Energy* 29: 1529-36.

EHRENBERG, A. S. C. (1977). Rudiments of numeracy. *J. R. Stat. Soc. A.*, n. 140 (parte 3), p. 277-297.

EMSON, H. E. (1994). Christmas wishes. *BMJ*, n. 309, p. 1738.

European Carotid Surgery Trialists' Collaborative Group (1998). Randomised trial of endarterectomy for recently symptomatic carotid stenosis: Final results of the MRC European Carotid Surgery Trial (ECST). *The Lancet*, n. 351, p. 1379-1387.

EVANS, C. L.; HARRIGAN, J. (2005). Distance, time, and specialization: Lean retailing in general equilibrium. *Am. Econ. Rev*. n. 95, p. 292-313.

FEDERLE, M. P.; COHEN, H. A.; ROSENWEIN, M. F.; BRANT-ZAWADZKI, M. N.; CANN, C. E. (1982). Pelvimetry by digital radiography: A low-dose examination. *Radiology*, n. 143, p. 733-735.

FLINT, P. L.; GRAND, J. B.; FONDELL, T. F.; MORSE, J. A. (2006). Population dynamics of greater scaup breeding on the Yukon-Kuskokwim Delta, Alaska. *Wildlife Monogr*. n. 162, p. 1-22.

(Forty-eight Hours) 48 HRS. (1982). (Filme.) Diretor: Walter Hill. Paramount/Lawrence Gordon.

FREMONT-SMITH, M.; MEIGS, J. V.; GRAHAM, R. M.; GILBERT, H. H. (1946). Cancer of Endometrium and Prolonged Estrogen Therapy. *JAMA*, n. 131, p. 805-808.

GARDINER, P. J.; COPAS, J. L.; SCHNEIDER, C.; COLLIER, H. O. J. (1980). 2-Decarboxy-2--hydroxymethyl prostaglandin E1 (TR4161), a prostaglandin bronchodilator of low tracheobronchial irritancy. *Prostaglandins*, n. 19, p. 349-370.

GARFIELD, E. (1986). The Integrated sci—mate software system. Part 2: The Editor slashes the gordian knot of conflicting reference styles. *Current Contents*, v. 17, n. 11, mar., p. 81-88.

GELLER, W. A.; KARALES, K. J. (1982). Shootings of and by Chicago police. Uncommon crises part II: Shooting of police, shooting correlates, and control strategies. *J. Crim. Law Criminol*. n. 73, p. 331-355.

GODLEE, F. (1996). Definition of "authorship" may be changed. *BMJ*, n. 312, p. 1501-1502.

GOLD, D. R.; WANG, XIAOBIN; WYPIJ, D.; SPEIZER, F. E.; WARE, J. H.; DOCKERY, D. W. (1996). Effects of cigarette smoking on lung function in adolescent boys and girls. *N. Engl. J. Med.*, n. 335, p. 931-937.

GOMA EPIDEMIOLOGY GROUP. (1995). Public health impact of Rwandan refugee crisis: what happened in Goma, Zaire, in July 1994? *Lancet*; n. 345, p. 339-344.

GOODMAN, R. A.; THACKER, S. B.; SIEGEL, P. Z. (2001). What's in a title? A descriptive study of article titles in peer-reviewed medical journals. *Science Editor*, n. 24, p. 75-78.

GREENE, J. (2011). The anticanon. *Harvard Law Rev.* n. 125, p. 379-475.

GRÜTERS, A.; LIESENKOTTER, K. P.; WILLGERODT, H. (1995). Persistence of Differences in iodine status in newborns after the reunification of Berlin. *N. Engl. J. Med.*, n. 333, p. 1429.

GUSTAVII, B. (1975). The distribution within the placenta, myometrium, and decidua of 24na-labelled hypertonic saline solution following intraamniotic or extra-amniotic injection. *Br. J. Obstet. Gynaecol.*, n. 82, p. 734-739.

GUSTAVII, B. (2012). *How to Prepare a Scientific Doctoral Dissertation Based on Researh Articles*. Cambridge, UK: Cambridge University Press.

HAMBERG, M. 1972. Inhibition of prostaglandin synthesis in man. *Biochem. Biophys. Res. Commun.*, n. 49, p. 720-726.

HARRIS, R. L. 1999. *Information Graphics. A Comprehensive Illustrated Reference.* New York: Management Graphics.

HARTLEY, J. (1994). *Designing Instructional Text.* Londres: Kogan Page, p. 31.

HEARSE, D., AND THE EDITORIAL TEAM. (1992). Of humour, music, anger, speed, and excuses: reflections of an editorial team after one year in office [editorial]. *Cardiovasc. Res.*, n. 26, p. 1161-1163.

HEIM, S.; KRISTOFFERSSON, U.; MANDAHL, N.; MINEUR, A.; MITELMAN, F.; EDVALL, H.; GUSTAVII, B. (1985). Chromosome analysis in 100 cases of first trimester trophoblast sampling. *Clin. Genet.*, n. 27, p. 451-457.

HLAVA, J. (1887). O úplavici [On Dysentery]. *Journal of Czech Physicians*, v. n. 26, n. 5, jan., p. 70-74.

HODGEN, G. D. (1981). Antenatal diagnosis and treatment of fetal skeletal malformations: With emphasis on *in utero* surgery for neural tube defects and limb bud regeneration. *JAMA*, n. 246, p. 1079-1083.

HOLMES, W. (1997). Minimum ethical standards should not vary among countries. *The Lancet*, n. 314, p. 1479.

HOYER, L. W.; LINDSTEN, J.; BLOMBACK, M.; HAGENFELDT, L.; CORDESIUS, E.; STROMBERG; P.; GUSTAVII, B. (1979). Prenatal evaluation of fetus at risk for severe von Willebrand's disease. *The Lancet*, n. 2, p. 191-192.

INTERNATIONAL COMMITTEE OF MEDICAL JOURNAL EDITORS (1985). Guidelines on authorship. *BMJ*, n. 291, p. 722.

INTERNATIONAL COMMITTEE OF MEDICAL JOURNAL EDITORS (1995). Protection of patients' right to privacy. *BMJ*, n. 311, p. 1272.

INTERNATIONAL COMMITTEE OF MEDICAL JOURNAL EDITORS (2002). *Uniform Requirements for Manuscripts Submitted to Biomedical Journals.* Disponível em: www.icmje.org; acesso: 17 abr. 2017.

JAHN, A. E.; LEVEY, D. J.; HOSTETLER, J. A.; MAMANI, A. M. (2010). Determinants of partial bird migration in the Amazon Basin. *J. Anim. Ecol.* n. 79, p. 983-992.

JHA, R.; KUMAR, R.; VASSA, P. *et. al.* (2006). Low male-to-female sex ratio of children born in India: National survey of 1.1 million households. *The Lancet,* 367, p. 211-218.

JHA, T. K.; OLLIARO, P.; THAKUR, C. P. N. *et al.* 1998. Randomised controlled trial of aminosidine (paromomycin) *v* sodium stibogluconate for treating visceral leishmaniasis in North Bihar, India. *BMJ,* n. 316, p. 1200-1205.

KARMAN, H.; POTTS, M. (1972). Very early abortion using syringe as vacuum source. *The Lancet*, p. 1051-1052.

KARTULIS, S. (1887). O. úplavici, Üeber die Dysenterie (Review). *Centralblatt für Bacteriologie und Parasitenkunde,* v. 1, n. 18, p. 537-539.

KERKUT, G. A. (1983). Choosing a title for a paper. *Comp. Biochem. Physiol.,* n. 74A, p. 1.

KESLING, R. V. (1958). Crimes in scientific writing. *Turtox News,* n. 36, p. 274-276.

KITIN, P. B.; FUJII, T.; ABE, H.; FUNANDA, R. (2004). Anatomy of the vessel network within and between the tree rings of *Fraxinus lanuginose* (*Oleaceae*). *Am. J. Botany.*, n. 91, p. 779-788.

Lancet, The. (1993). OCs o-t-c? [editorial]. n. 342, p. 565-566.

Lancet, The. (1995). English as she is wrote [editorial]. n. 346, p. 1045.

LANG, T. A.; SECIC M. (1997). *How to Report Statistics in Medicine. Annotated Guidelines for Authors, Editors, and Reviewers.* Filadélfia: ACP.

LAUPACIS, A.; NAYLOR, C. D.; SACKETT, D. L. (1992). How should the results of clinical trials be presented to clinicians? [editorial]. *ACP Journal Club*, maio/jun., p. A12-A14.

LEE, A.; TH OMAS, P.; CUPIDORE, L.; SERJEANT, B.; SERJEANT, G. (1995). Improved survival in homozygous sickle cell disease: Lessons from a cohort study. *BMJ,* n. 311, p. 1600-1602.

LINDSAY, D. (1989). *A Guide to Scientific Writing. Manual for Students and Research Workers.* Melbourne: Longman Cheshire, p. 36.

LIU, L. (1996). Fate of conference abstracts. *Nature,* n. 383, p. 20.

LOGAN, R. F. A.; LITTLE, J.; HAWTIN, P. G.; HARDCASTLE, J. D. (1993). Effect of aspirin and non-steroidal anti-inflammatory drugs on colorectal adenomas: Case-control study of subjects participating in the Nottingham faecal occult blood screening programme. *BMJ,* n. 307, p. 285-289.

LÓPEZ-JARAMILLO, P.; DELGADO. F.; JÁCOME, P. *et. al.* (1997). Calcium Supplementation and the risk of preeclampsia in ecuadorian pregnant teenagers. *Obstet. Gynecol.,* n. 90, p. 162—167.

MACKNIN, M. L.; PIEDMONTE, M.; CALENDINE, C.; JANOSKY, J.; WALD, E. (1998). Zinc gluconate lozenges for treating the common cold in children. A randomized controlled trial. *JAMA,* n. 279, p. 1962-1967.

MADSEN, K.; ERTBJERG, P.; DJURHUUS, M. S.; PEDERSEN, P. K. (1996). Calcium content and respiratory control index or skeletal muscle mitochondria during exercise and recovery. *Am. J. Physiol.* n. 171, p. E1044-E1050.

MAJEWSKI, J. (1994). *Sydsvenska Dagbladet* [The South Swedish Daily News], Nov. 6, Sect. A, p. 2 (cols. 2-3).

MARVIN, P. H. (1964). Birds on the rise. *Bull. Entomol. Soc. Amer.*, n. 10, p. 194-196.

MATHEWS, K. A.; SUKHIANI, H. F. (1997). Randomized controlled trial of cyclosporine for treatment of perianal fistulas in dogs. *J. Am. Vet. Med. Assoc.*, 211, p. 1249-1253.

MCBRIDE, W. G. (1961). Thalidomide and congenital abnormalities. *The Lancet*, n. 2, p. 1358.

MCGARRY, G. W.; GATEHOUSE, S.; HINNIE, J. (1994). Relation between alcohol and nose bleeds. *BMJ*, n. 309, p. 640.

MCKINNON, R. (2006). China's exchange rate trap: Japan redux? *Am. Econ. Rev.* 96: 427-31.

MCNAB, S. M. (1993). Non-sexist language. *TWIOscoop*, v. 11, n. 5, p. 148-153.

MCWHORTER, T. J.; MARTINEZ DEL RIO, C. (2000). Does gut function limit hummingbird food intake? *Physiological and Biochemical Zoology*, v. 73, n. 3, p. 313-324.

MEDICAL RESEARCH COUNCIL (1948). Streptomycin treatment of pulmonary tuberculosis. *Br. Med. J.*, n. 2, p. 769-782.

MEHROTRA, P. K.; KARKUN, J. N.; KAR, A. B. (1973). Estrogenicity of some nonsteroidal compounds. *Contraception*, n. 7, p. 115-124.

MILLAR, J. A. (1982). Anonymity of anthropoid apes featured in medical journals. *The Lancet*, n. 2, p. 940.

MILLS, J. L. (1993). Data torturing. *N. Engl. J. Med.*, n. 329, p. 1196-1199.

MOHER, D.; SCHULZ, K. F.; ALTMAN, D., para o CONSORT Group (2001). The CONSORT statement: Revised recommendation for improving the quality of reports of parallel-group randomized trials. *JAMA*, n. 285, p. 1987-1991.

MORELL, C. J.; WALTERS, S. J.; DIXON, S. *et al.* (1998). Cost effectiveness of community leg ulcer clinics: Randomised controlled trial. *BMJ*, n. 316, p. 1487-1491.

MOSTELLER, F. (1992). Writing about numbers. In: Bailar, J. C.; Mosteller, F. (orgs.). *Medical Uses of Statistics.* Boston: NEJM Books, p. 378.

MURRAY, G. D. (1991). Statistical aspects of research methodology. *Br. J. Surg.*, n. 78, p. 777-781.

NAKAO, S.; TAKENAKA, T.; MAEDA, M. *et al.* 1995. An atypical variant of Fabry's disease in men with left ventricular hypertrophy. *N. Engl. J. Med.* n. 333, p. 288-293.

NAYLOR, A. S. (2005). *Differential Effects of Voluntary Running on Hippocampal Plasticity in the Adult Rat Brain.* Tese de doutorado. Göteborg: The Sahlgrenska Academy at Göteborg University.

OHTO, H.; TERAZAWA, S.; SASAKI, N. *et al.* Transmission of hepatitis virus from mothers to infants. *N. Engl. J. Med.* n. 330, p. 744-750.

PACINI, F.; VORONTSOVA, T.; MOLINARO, E. *et al.* (1998). Prevalence of thyroid autoantibodies in children and adolescents from Belarus exposed to the Chernobyl radioactive fallout. *Lancet*, n. 352, p. 763-766.

PARKER, G. (2008). Crisis and catastrophe: The global crisis of the seventeenth century reconsidered. *Am. Hist. Rev.* n. 113, p. 1053-1079.

PERSILY, N.; LAMMIE, K. (2004). Perceptions of corruption and campaign finance: When public opinion determines constitutional law. *U. Pen. Law Rev.* n. 153, p. 119-180.

PITNICK, S.; SPICER, G.S.; MARKOW, T. A. (1995). How long is a giant sperm? *Nature,* n. 375, p. 109.

PUBLICATIONS COMMITTEE FOR THE TRIAL OF ORG 10172 IN ACUTE STROKE TREATMENT (TOAST) INVESTIGATORS (1998). Low molecular weight heparinoid ORG 10172 (danaparoid) and outcome after acute ischemic stroke. *JAMA,* n. 279, p. 1265-1272.

QUESADA, M.; BOLLMAN, K.; STEPHENSON, A. G. (1995). Leaf damage decreases pollen production and hinders pollen performance in *Cucurbita Texana. Ecology,* n. 76, p. 437-443.

RAIO, L.; GHEZZI, F.; DI NARO, E.; GOMEZ, R.; LUSCHER, K. P. (1997). Duration of Pregnancy after carbon dioxide laser conization of the cervix: Influence of cone height. *Obstet. Gynecol.,* n. 90, p. 978-982.

RIDLEY, M. (2003). What makes you who you are. *Newsweek,* 2 jun., p. 50-57.

RODHE, N. (2008). *Asymptomatic Bacteriuria in Elderly.* (Dissertation.) Uppsala, Sweden: Uppsala University.

ROTHWELL, P. M. (1995). Can Overall results of clinical trials be applied to all patients? *The Lancet,* n. 345, p. 1616-1619.

SALAM, M. A.; DHAR, U.; KHAN, W. A.; BENNISH, M. L. (1998). Randomised comparison of ciprofloxacin suspension and pivmecillinam for childhood shigellosis. *Lancet,* n. 352, p. 522-527.

SAMUELSSON, S.; SJÖVALL, A. (1973). Komplikationer och komplikationsprofylax vid gynekologisk laparoskopi. [Complications and prophylaxis in gynaecological laparoscopy.] *Läkartidningen,* n. 70, p. 2570-2574.

SARNA, S.; KIVIOJA, A. (1995). Blunt rupture of the diaphragm. *Ann. Chir. Gynecol.,* n. 84, p. 261-265.

SCHALTEGGER, C. A.; TORGLER, B. (2006). Growth effects of public expenditure on the state and local level: Evidence from a sample of rich governments. *Appl. Econ.* n. 38, p. 1181-1192.

SEPPÄLÄ, M.; KAJANOJA, P.; WIDHOLM, O.; VARA, P. (1972). Prostaglandin-oxytocin abortion: A clinical trial on intraamniotic prostaglandin $F_{2\alpha}$ in combination with intravenous oxytocin. *Prostaglandins,* n. 2, p. 311-19.

SIMERA, I.; MOHER, D.; HIRST, A. *et al.* (2010). Transparent and accurate reporting increases reliability, utility, and impact of your research: Reporting guidelines and the EQUATOR Network. *BMC Medicine,* n. 8, p. 24. doi:10.1186/1741-7015-8-24.

SIMKIN, P. A. (1982). Simian stance: a sign of spinal stenosis. *Lancet.* n. ii, p. 652-653.

SLIWA, K.; SKUDICKY, D.; CANDY, G. *et al.* (1988). Randomised investigation of effects of pentoxifylline on left-ventricular performance in idiopathic dilated cardiomyopathy. *Lancet,* n. 351, p. 1091-1093.

SPIERS, A. S. D. (1984). Transatlantic medical English. *The Lancet,* n. 2, p. 1451-1453.
STOCKDALE, T. (2000). Contaminated material caused Creutzfeldt-Jacob Disease (CJD) in some undersized children who were treated with growth hormone (GH). *Nutr. Health.,* n. 14, p. 141-142.
STRUNK, W., JR.; WHITE, E. B. (2000). *The Elements of Style.* Boston: Allyn & Bacon.
SUMNER, D. (1992). Lies, damned lies – or statistics? *J. Hypertens,* n. 10, p. 3-8.
SUN, X.-L.; ZHOU, J. (2002). English versions of chinese authors' names in biomedical journals. Observations and recommendations. *Science Editor,* n. 25, p. 3-4.
SUNDBY, J.; SCHEI, B. (1996). Infertility and subfertility in norwegian women aged 40-42. Prevalence and risk factors. *Acta Obstet. Gynecol. Scand.* n. 75, p. 832-837.
SYNNERGREN, O. (2005). *Time-Resolved X-Ray Diff Raction Studies of Phonons and Phase Transitions.* Tese de doutorado. Malmo: Universities of Lund.
THALIDOMIDE UK. (2006). www.thalidomideuk.com. (Accessed July 27, 2006.)
The ACS Style Manual. A Manual for Authors and Editors. 2002. 2nd edn. Edited by Dodd, J. S. Washington, DC: American Chemical Society.
THEANDER, E. (2005). *Living and Dying with Primary Sjogren's Syndrome. Studies on Aetiology, Treatment, Lymphoma, Survival and Predictors.* Tese de doutorado. Malmo: University of Lund.
TJIO, JOE HIN; LEVAN, A. (1956). The chromosome number of man. *Hereditas,* n. 46, p. 1-6.
TØNNES-PEDERSEN, A.; LIDEGAARD, Ø.; KREINER, S.; OTTESEN, B. (1997). Hormone replacement therapy and risk of non-fatal stroke. *The Lancet,* n. 350, p. 1277-1283.
TOOGOOD, J. H. (1980). What do we mean by "usually"? *The Lancet,* n. 1, p. 1094.
TRUSS, L. (2003). *Eats, Shoots & Leaves. The Zero Tolerance Approach to Punctuation.* Londres: Profile Books.
TUFTE, E. R. (1983). *The Visual Display of Quantitative Information.* Cheshire: Graphics Press.
VAN LOON, A. J. (1997). Making it easier to trace articles in scientific and technical periodicals: The importance of the first page. *European Science Editing,* n. 23, p. 9-12.
VANE, J. R. (1971). Inhibition of prostaglandin synthesis as a mechanism of action of aspirinlike drugs. *Nature,* n. 231, p. 232-235.
WAGER, L. (2006). Statistical errors in science journals. *European Science Editing,* n. 32, p. 100.
WALLENGREN, J. (1998). Brachioradial pruritus. A recurrent solar dermopathy. *J. Am. Acad. Dermatol.,* n. 39, p. 803-806.
WATSON, J. D.; CRICK, F. H. C. (1953). Molecular structure of nucleic acids. A structure for deoxyribose nucleic acid. *Nature,* n. 171, p. 737-738.
WHITE, J. V. (1988). *Graphic Design for the Electronic Age. The Manual for Traditional and Desktop Publishing,* p. 201. Nova York: Watson-Guptill.
WILHELMSEN, L.; SVÄRDSUDD, K.; KORSAN-BENGTSEN, K. *et al.* (1984). Fibrinogen as a risk factor for stroke and myocardial infarction. *N. Engl. J.* Med. n. 311, p. 501-505.
WOODS, J. (1967). Oral Contraceptives and hypertension. *The Lancet,* n. 2, p. 653-654.

XU, Z.; NICOLSON, D. H. (1992). Don't abbreviate chinese names. *Taxon*, n. 41, p. 499-504.

YORUKOGLU, M. (2002). The decline of cities and inequality. *Am. Econ. Rev*. n. 92, p. 191-197.

YU, H. C.; CHIOU, I.; JORDAN-WAGNER, J. (2008). Does the weekday effect on the yen/dollar spot rates exist in Tokyo, London, and New Yotk? An analysis of panel probability distribution. *Appl. Econ.* 40: 2631-2643.

DIGA NÃO À CÓPIA
pratique essa ideia

Quando você copia uma obra, está contribuindo para que nos próximos anos os alunos não tenham mais o que copiar, porque:

1. Não haverá autores interessados em produzir textos. A produção de um livro demanda muito tempo, formação específica e dedicação, e eles precisam trabalhar para viver.

2. Também não haverá editoras interessadas em investir em uma obra que ficará estocada, especialmente quando se tratar de obras traduzidas. Os alunos do futuro terão de ler as obras na língua em que foram editadas.

3. **E mais:** você está contribuindo para acabar com o emprego de funcionários de gráficas, editoras, para o fechamento de livrarias, para o empobrecimento da cultura do país, além, é claro, **de violar a lei de direitos autorais (Lei n° 9.610/98),** praticando um CRIME previsto no **artigo 184 do Código Penal**, sem prejuízo de ter que reparar o dano causado.

Além do mais, cópias se perdem ao longo do tempo. O livro não. Ele é para sempre, pode ser repassado a outras pessoas, é fundamental para a formação de todo profissional que se pretenda competente. Todo bom profissional precisa de uma biblioteca própria. Para isso a Parábola Editorial contribui pondo no mercado livros com qualidade gráfica e de conteúdo **a melhor preço que a cópia**.

DIGA NÃO À CÓPIA. Pratique essa ideia!

Quando você diz não à cópia, está dizendo não à violência e à falta de ética... Pode não parecer, mas quando copia uma obra na qual se empenhou tanto trabalho para que ela virasse um livro e chegasse ao mercado, você está colaborando com a corrupção que alimenta nosso crônico atraso!

LEITURA E PRODUÇÃO DE TEXTOS TÉCNICOS E ACADÊMICOS

1. *Resumo*
   Anna Rachel Machado [coord.], Eliane Lousada, Lília Santos Abreu-Tardelli
2. *Resenha*
   Anna Rachel Machado [coord.], Eliane Lousada, Lília Santos Abreu-Tardelli
3. *Planejar gêneros acadêmicos: escrita científica, texto acadêmico, diário de pesquisa, metodologia*
   Anna Rachel Machado [coord.], Eliane Lousada, Lília Santos Abreu-Tardelli
4. *Trabalhos de pesquisa: diários de leitura para a revisão bibliográfica*
   Anna Rachel Machado [coord.], Eliane Lousada, Lília Santos Abreu-Tardelli
5. *Como escrever e ilustrar um artigo científico*
   Björn Gustavii
6. *Artigo de opinião: sequência didática funcionalista*
   Vânia Cristina Casseb-Galvão, Milcinele da Conceição Duarte

Esta obra foi composta em Gamma ITC Std 12/16 e Source Sans Pro 10,5/14
e impressa em papel Offset 75g
para a **Parábola Editorial** em novembro de 2023.

Impressão e acabamento:
Docuprint